D1066831

isabelle

Photo de la couverture: Simon Pelletier

Maquette de la couverture: Jacques Léveillé

ISBN 2-7609-0089-4

© Copyright Ottawa 1981 par Les Éditions Leméac Inc.
Dépôt légal — Bibliothèque nationale du Québec
1er trimestre 1981

isabelle

pierre dagenais

THÉÂTRE/LEMÉAC

Deux personnages en quête d'auteur

par Gilles des Marchais

De prime abord, il pourra paraître assez étonnant, voire surprenant, qu'un auteur dramatique, audacieux à plus d'un égard, réussisse à «mettre en scène» deux des protagonistes les plus importants de sa pièce, sans pourtant qu'on les voie jamais, du moins en chair et en os, sans non plus que cela pose l'éternel problème de la désincarnation du comédien. Ce que nous venons de dire s'applique à la pièce dans son ensemble, bien qu'il soit vrai qu'on entendra, à la fin du premier acte, quelques bribes d'une brève conversation qui se déroulera entre Éric, le menteur des menteurs, d'une part, et Isabelle, la menteuse des menteuses, d'autre part. Toutefois, cela n'a pas la moindre incidence sur le jeu dramatique, selon, d'ailleurs, le vœu même de l'auteur, qui se montre extrêmement soucieux de fournir à tous — metteurs en scène, comédiens, lecteurs — force détails scéniques mais qui, dans ce cas-ci, ne tient nullement, ainsi qu'il nous en avertit et prévient, à ce que le spectateur discerne clairement les propos qui s'échangeront entre Éric et Isabelle. Pour l'instant, nous ne savons trop pourquoi. Donc, un premier personnage, pour ainsi dire complètement absent et abstrait de la scène et de l'action, c'est-à-dire Isabelle — laquelle, soit dit par parenthèse, donne son nom à l'ouvrage — et un second, qui n'interviendra nulle part dans l'action que nous nous apprêtons à suivre et à vivre, pour l'excellente raison qu'il s'est suicidé, ainsi que nous l'apprendrons, d'une balle dans la tempe.

*

*   *

L'auteur fait donc intervenir trois personnages «réels» sur scène, c'est-à-dire trois soi-disant amis, soit un journaliste «fort et cynique», Éric, ensuite un peintre à la personnalité un peu fade, un peu terne, en quelque sorte, sert de «repoussoir» à Éric, qui a nom Mathieu et qui n'aura, au cours de l'action, guère d'autre force que celle de reconnaître une vérité qu'il eût préféré ne jamais apprendre, savoir qu'il est le fils d'un meurtrier qu'on a mené à la potence, enfin une espèce de libraire-grand lecteur-bibliomane, que l'auteur dénomme Xavier. Voilà donc pour les véritables personnages, c'est-à-dire ceux qu'on verra évoluer sur la scène.

Par ailleurs, Dagenais fait également «jouer» trois personnages qui ne mettront jamais les pieds sur ces mêmes tréteaux. Il s'agit d'Isabelle, principalement, qui semble pourtant se situer au cœur de cette tragédie — puisque c'en est une, ainsi que le déclare l'auteur —, Jean-Claude, le suicidaire effectivement suicidé, au demeurant ancien ami des précédents, et une certaine Mireille Deschamps, laquelle, pendant un assez court laps de temps, aurait été l'amante de feu Jean-Claude.

Nous en sommes donc actuellement à cinq personnages qui, censément, eussent formé une espèce de pentagone de l'amitié, de cette sorte d'amitié indissoluble et indestructible qu'on rencontre parfois... à la vie et à la mort! Hélas, comme on aura l'occasion de le voir en se familiarisant avec la pièce, les choses seront fort loin de baigner dans une telle et béate simplicitude...

*
* *

Afin de pouvoir apprécier à leur juste valeur les talents de dramaturge de Dagenais, il y aura sans doute lieu que le lecteur se familiarise avec le déroulement *(nous ne disons pas l'*action) de la pièce où, du reste, hors les dialogues et certains monologues à «haute tension», il n'intervient que fort peu d'action dramatique (c'est-à-dire «jouable sur scène»). Effectivement, l'intensité dramatique à laquelle nous venons de faire allusion vient d'ailleurs; en effet, elle ne tient pas tant à ce qui se déroule sous les yeux du spectateur, donc sur la scène — à l'instar de ce qui peut se passer, par exemple, dans Les Fourberies de Scapin *ou dans* Macbeth — qu'aux propos que tiennent trois hommes, assurément harnachés à une seule et même femme, Isabelle, qui sont tous en quelque sorte happés au passage par le souffle de ce que nous oserons appeler deux «parapersonnages», soit le Mensonge et la Vérité, lesquels jouent, dans le texte que l'auteur nous propose ici, un rôle qu'on ne saurait sous-estimer. Mais, avant qu'on ne pousse plus loin, il vaut sans doute la peine qu'on regarde d'un peu plus près ce qui arrive et survient dans cette pièce par laquelle, à notre sens, Dagenais se signale.

*
* *

Au départ, donc, trois hommes et une femme — cette dernière étant l'épouse légitime du libraire —, censément liés d'une irréprochable amitié. À la scène première du premier acte, seuls deux des protagonistes qui forment ce supposé quatuor amical se trouvent mis en présence l'un de l'autre. (Il est vrai qu'il y sera alors beaucoup question du troisième «homme» de ce quatuor d'amis.) Quoi qu'il en soit, au cours d'un assez long échange entre le journaliste, Éric, et son ami Mathieu, peintre de son état, on apprend un certain nombre de choses — sans toutefois que cela représente toute la vérité! —, notamment qu'ils avaient un ami commun, du nom de Jean-Claude (on n'apprendra jamais grand-chose à son sujet, sinon qu'il n'avait pas vraiment besoin de travailler puisque, grâce à un quelconque héritage, il se trouvait assez indépendant de fortune) lequel, parce qu'Isabelle, la femme du libraire Xavier, qui avait été l'amante de Jean-Claude pendant une assez longue période de deux ans, avait cru bon retirer ses «doux sentiments» à ce dernier, venait de mettre un terme plutôt brutal à ses jours en se suicidant.

Ces deux amis, donc, Éric et Mathieu (s'agirait-il même de «larrons en foire»?) échangent tant et si bien qu'on apprend non seulement le suicide de Jean-Claude, cet illustre inconnu, mais également la liaison d'Isabelle avec Jean-Claude et, du coup, son infidélité inqualifiable ainsi que, pour tout dire, sa trahison à l'égard de son mari, le libraire-grand lecteur-grand rêveur, dont la tête, pour l'instant, semble flotter dans les nuages. Il s'agit manifestement de Xavier, pauvre lui, qui ne s'était apparemment aperçu de rien, qui n'avait certainement pas soupçonné anguille sous roche, tellement était grande sa confiance en ses «amis»! Il est alors naturellement question de la navrante amitié qui est censée lier tous les intéressés, de cette pseudoamitié généralisée qui unit et, à l'occasion, réunit une petite bande d'hypocrites qui, pour diverses raisons (que nous apprendrons ultérieurement) se mentent gentiment les uns aux autres et se trahissent gaîment les uns les autres. On en conclut alors que le suicide du dénommé Jean-Claude a, à la vérité, fait trois victimes plutôt qu'une seule: lui-même, Isabelle qui est censée se morfondre de douleur pour son ex-amant qui (selon l'expression presque textuelle d'Éric) est allé nourrir les odorantes fleurs du cimetière et, enfin, Xavier qui, en définitive, aura été victime de la double trahison de sa femme, Isabelle, ainsi que de l'un de ses meilleurs amis, Jean-Claude, à qui il avait d'ailleurs donné les clefs de sa maison... pour que, précisément, il vienne «prendre» sa femme! Toute cette scène durant, Éric fera, pour le bénéfice de son copain Mathieu, l'apologie du mensonge, à laquelle viendra se joindre et s'unir le thème du silence — il y a, en effet, des vérités, certaines vérités, qu'il est nettement préférable de garder tues. Cette première scène, en soi assez anodine, se terminera sur la demande qu'Éric, le fort, le cynique, le menteur et le défenseur du mensonge par excellence, fera à Mathieu de lui apporter son aide lorsqu'ils se trouveront tous les deux confrontés à Xavier — Éric demandera principalement à Mathieu de garder le silence en le laissant, lui, Éric, tenter d'expliquer la situation à Xavier.

*
*   *

À la seconde scène de l'acte premier, les choses se corsent et vont s'enchevêtrant. En effet, on apprend que Jean-Claude ne donnait pas signe de vie depuis trois semaines environ, et ce en dépit d'une amitié qui durait depuis quelque quatre ans.

Xavier, qui vient d'arriver sur les lieux, convoqué par Éric, émet (assez innocemment d'ailleurs) l'opinion qu'il pourrait bien y avoir une «histoire de femme» dans la vie de Jean-Claude. Pendant ce temps, naturellement, Xavier ignore tout du suicide de Jean-Claude: on ne lui a encore fait aucune révélation. Il ne sait surtout rien de la raison pour laquelle ce pauvre Jean-Claude aurait voulu et souhaité se flamber la cervelle. On apprend également que Xavier aurait en effet tenté, mais sans le moindre succès, de joindre Jean-Claude au téléphone pendant plusieurs semaines. L'auteur en profite, lors de ces échanges verbaux entre les protagonistes, pour ramener à la surface le silence en tant que chose valable, nécessairement associée au mensonge respectable. C'est dans ces circonstances qu'Éric affirme, sans ambages, du reste, connaissant trop bien le sort de Jean-Claude, que ce dernier n'est pas chez lui, ce qui laisse Xavier quelque peu songeur. Mais celui-ci insiste toujours pour connaître «la vérité» — on continue de supposer qu'il y a une «histoire de femme» dans la vie de Jean-Claude. Et l'on apprend en outre qu'au téléphone, Isabelle avait la «voix claire», donc qu'aucun événement, tragique ou autre, n'était venu la troubler véritablement. Finalement, et brutalement à la fois, Éric décide de mettre Xavier au courant du suicide de Jean-Claude. Aussi tente-t-il, par tous les moyens, de persuader Xavier, sans rien lui révéler de la vérité, que Jean-Claude a voulu s'enlever la vie dans un moment d'égarement, de pure folie. C'est alors qu'on s'interroge un peu plus sérieusement sur les motifs qui ont pu conduire Jean-Claude à se suicider. Éric déclare même que ce dernier était peut-être pédéraste... et qu'il en avait honte? On écarte la possibilité (ô puissance du mensonge!) qu'une femme soit à l'origine de ce drame (de cette tragédie) — et pourtant, on n'hésite pas (Éric) à faire de l'image de la femme qui s'offre aux regards avides *de l'homme ce qu'on appellera la «vérité toute nue»!*

C'est à ce moment-là qu'il émane et se dégage du texte qu'Isabelle doit effectivement être au courant du suicide de Jean-Claude. Et chacun de s'interroger: pourquoi Isabelle ne s'est-elle pas jointe immédiatement au trio d'amis? Bah! — et l'explication facile ne se fait pas attendre — elle aura sans doute le visage ravagé par la peine, la frimousse un tant soit peu décontrefaite...

Éric propose donc qu'on aille, plutôt que verser des larmes aussi futiles qu'inutiles sur la dépouille du défunt Jean-Claude, se divertir à trois en ville car, allègue-t-il, il ne sert de rien qu'on s'apitoie ou qu'on larmoie davantage sur le sort de leur ami. Pour sa part, Xavier, le pauvre grand naïf, ne peut s'empêcher d'exprimer toute la sympathie qu'il éprouve à l'égard de Jean-Claude. L'auteur en profite alors pour soulever encore une fois (c'est-à-dire après bien d'autres...) l'éternel thème du suicide: s'agit-il effectivement d'un acte de courage ou d'un geste posé par pure lâcheté? Il est assez difficile pour quinconque de trancher cette question. On avance alors l'explication suivante, dont le lecteur, précisément, ne pourra pas penser ce qu'il voudra: Isabelle aurait appris la nouvelle du suicide de Jean-Claude par le truchement des ondes... tandis que ce niais de Xavier ne tarit point sur la triste fin de Jean-Claude: sa femme, en effet, aurait eu un certain faible, un certain penchant pour celui qu'elle appelait volontiers son petit faon, tellement inoffensif, son petit «Bambi». Il insiste donc pour aller la retrouver — afin qu'elle, la plus que blessée, ne traverse pas cette terrible épreuve toute seule, en l'absence de son mari et de ses amis. Car Jean-Claude n'était supposément, aux yeux d'Isabelle, qu'un enfant gâté, plutôt détestable, mais combien pitoyable...

Il n'aurait, en effet, eu qu'une aventure passagère, plutôt éphémère, avec la rousse Mireille Deschamps. Ce qui, cependant, n'empêche nullement la même question de toujours hanter l'esprit de Xavier: pourquoi, en fin de compte, Jean-Claude s'est-il suicidé? Revenant à la charge, Éric avance et soutient, avec son mensonge fondamental, qu'il fallait nécessairement que Jean-Claude eût l'esprit dérangé et qu'il fût fou pour avoir commis un acte semblable. Mathieu, qui n'a pas dit grand-chose pendant tout ce temps, réitère son admiration à l'égard d'Éric, de sa façon de raisonner, de sa philosophie du mensonge et de la vérité, ainsi que de son comportement. Xavier, le cher imbécile, croit qu'il commence à soupçonner et à s'expliquer quelque chose: Jean-Claude devait certainement souffrir d'un mal absolument terrible, d'une maladie incurable, par exemple, et plutôt que traîner en longueur...

Pendant que Xavier et Mathieu sont partis à la recherche d'un taxi, lequel doit conduire ce trio d'amis au domicile de Xavier, Éric en profite pour téléphoner à Isabelle et lui enjoindre de disparaître le plus tôt possible du foyer conjugal, pour ne rentrer que beaucoup plus tard... au terme des «vraies» explications, sans doute... Là-dessus, les trois compères quittent les lieux, pour se rendre chez Xavier.

*
*   *

Le rythme, plutôt lent, de la scène première du premier acte s'était déjà accéléré à la seconde scène de ce même acte; à l'acte second, l'action, si l'on peut dire, s'intensifie considérablement. Car c'est là, et là seulement, que le lecteur prendra enfin connaissance du véritable dénoûment de ce drame «à cinq», qu'il en apprendra les véritables tenants et aboutissants, comme il convient dans toute «action» dramatique bien menée par un auteur qui s'y connaît. En effet, lorsque les trois amis arrivent chez Xavier, ils constatent (façon de parler, puisque deux d'entre eux le savaient déjà...) qu'Isabelle ne se trouve pas sur les lieux, qu'elle n'est tout simplement pas là, qu'elle a dû s'absenter pour une raison ou pour une autre. Naturellement, Xavier se reproche à ce moment-là de n'avoir pas pris la peine de prévenir Isabelle de leur arrivée à tous, cependant qu'Éric et Mathieu s'efforcent, par tous les moyens (verbaux) d'empêcher Xavier d'aller vérifier si Isabelle est là ou non — ils ne font, en fait, que retarder l'échéance de la tragédie, comme le dit l'auteur, de même que sa «résolution», aussi fatale que fatidique.

Dans un intermède qu'on s'explique assez mal d'entrée de jeu, en l'absence de Xavier, parti voir ce qui se passait là-haut, chez lui, plus précisément dans la chambre d'Isabelle (et la sienne...), Éric critique sévèrement le portrait que Mathieu a fait d'Isabelle et l'accuse, plutôt brutalement, de n'avoir point de génie. Mathieu, cette faible, bonne et bête pâte, encaisse le coup sans rien dire, sans rétorquer, sans aucunement protester.

Là-dessus, Xavier, revenant à la charge encore une fois, invoque toute sorte de raisons pour expliquer et s'expliquer à lui-même l'absence parfaitement anormale — et inexplicable — d'Isabelle. Les indices vont en effet s'accumulant qui démontrent qu'Isabelle n'est pas sortie dans des circonstances ordinaires, qu'elle aurait habituellement prévenu Xavier en lui laissant un mot sur la taie d'oreiller, etc. Or, il n'en est rien. Et Xavier se montre de plus en plus inquiet de ce qu'il ignore. (En fait, ce qu'il ne connaît pas, c'est le mensonge collectif...) Et, dans ces conditions, il a surtout pensé, le sot, à l'extrême solitude d'Isabelle en apprenant la mort tragique de

Jean-Claude, leur «ami» commun. Aussi persiste-t-il à dire que ses amis lui cachent quelque chose: la vérité!

Alors que les indices ne cessent de s'accumuler qui expliquent l'absence anormale d'Isabelle à ce moment-là, Éric se remet à philosopher, affirmant qu'il faut subir aussi bien le mensonge que la vérité. Ce qui justifierait peut-être qu'Isabelle soit partie affolée...

Xavier, qui n'en peut plus et cherche toujours la vérité, c'est-à-dire la véritable explication (selon ses deux amis) du suicide de Jean-Claude, traite tout simplement Éric comme Mathieu non seulement d'hypocrites mais encore de tricheurs.

C'est à ce moment de la tragédie qu'un coup de téléphone — un «coup de théâtre?» — vient troubler les pensées de chacun. Mireille Deschamps demande en effet à parler à Isabelle (sa présumée rivale auprès de Jean-Claude), mais c'est Xavier qui lui répond. Il ne comprend certes pas très bien la raison de cet appel aussi inattendu qu'inopiné; puis il accuse Éric — à tort ou à raison — de manipuler Mireille comme on jouerait avec une marionnette...

Prenant enfin la parole, Éric, selon sa manière habituelle, apprend, sans autre forme d'apprêt, à Xavier que sa femme, Isabelle, était effectivement l'amante de Jean-Claude depuis au moins deux ans et que leur rupture, provoquée par Isabelle (qui avait ainsi menti à Jean-Claude?) ne remontait guère qu'à trois mois. Éric suggère alors à Xavier d'appliquer la seule solution qui vaille en pareil cas: assassiner Isabelle, pour se venger de son double mensonge, et ensuite se suicider lui-même, une fois accompli son travail de justicier. Décidément, les choses tournent à la violence dans ce second acte.

Xavier évoque l'histoire des clefs: sa maison était ouverte à tous, surtout à ses amis, et Isabelle allait les recevoir lorsqu'ils éprouveraient un certain besoin de se détendre... Puis, poursuivant sur son erre et cette lancée, il accuse les deux amis qu'il lui reste encore de lui avoir tout ravi, de lui avoir tout «pris» (selon sa propre expression), principalement sa femme, Isabelle. Il poursuit en se révoltant et en se traitant lui-même de «tête de lard». Il insiste en outre sur les soupçons qui se sont peu à peu formés dans son esprit à l'égard de ses deux amis. Dans son excès de violence (pour un homme si doux!), il va même jusqu'à briser le portrait d'Isabelle, qu'il réduit en mille miettes et qu'il jette et projette en morceaux à la figure d'Éric!

Ne sachant trop à quoi s'en tenir, Xavier soulève de nouveau la question de la «tromperie» (le mensonge), laquelle ne cesse de le préoccuper, de s'agiter et de se préciser dans son esprit. Ce faisant, il vise évidemment ses bons «amis»...

Prenant le premier la parole, Mathieu, qui reste plutôt silencieux tout au long de la pièce et qui se contente d'obtempérer aux volontés d'Éric, cherche à excuser le mensonge collectif au grand et saint nom de l'amitié commune. Xavier, qui ne semble pas enfin trop vouloir mordre à cet hameçon plutôt facile à tendre, déclare que c'est lui-même qui est l'étranger (et non l'ami!) dans sa propre maison. On assiste alors à un échange de violences verbales et de menaces physiques.

Mathieu, toujours bon prince, c'est-à-dire un peu imbécile sur les bords et capable de s'exploiter lui-même, tente d'expliquer à Xavier qu'Isabelle aurait commis une erreur sur la personne en s'embourbant (encore le mensonge!) dans son soi-disant amour pour Jean-Claude et en lui préférant ce dernier.

Les deux amis de Xavier prétendent alors, justifications plutôt gênantes à l'appui, qu'Isabelle a toujours été et qu'elle reste encore ce qu'ils appellent une «honnête femme».

C'est dans ces conditions que Xavier, s'étant d'abord révolté aussi bien contre la vérité que contre le mensonge, décide de devenir un homme, un adulte, et qu'il accepte finalement le mensonge pour ce qu'il vaut (la vérité, selon Éric!) — surtout celui qu'Isabelle lui a servi pendant deux ans et celui que, sur le conseil de ce même Éric, il s'apprête à lui servir, à elle, en ne bronchant point, en se tenant complètement coi, enfin en prétendant (en bon mari!) qu'il ne sait absolument rien de son aventure avec Jean-Claude.

Toutefois, l'auteur ne nous laisse pas sur ce qui précède : il nous servira en effet deux véritables vérités, qui sont peut-être susceptibles d'expliquer la défection «générale» d'Isabelle à l'égard de son mari, Xavier — mais qui n'expliquent apparemment nullement la liaison qu'ont connu Jean-Claude et Isabelle...

La première grande vérité est celle de Mathieu : celui-ci serait en effet le fils d'un assassin qu'on aurait «pendu par le cou jusqu'à ce que mort s'ensuive». Certes, il s'agit là d'une vérité qui est loin de tout expliquer ; elle peut cependant nous donner à penser, même si, de son propre aveu, Mathieu eût préféré ne jamais l'apprendre lors d'une rixe de taverne. Aux yeux de Mathieu — peut-être comme à ceux de Xavier, maintenant — Isabelle, cette tant et si chère Isabelle, devait nécessairement se donner à tout venant et à tout prenant, quoi que l'auteur cherche à nous en dissimuler, involontairement, sans doute. On ne prend pas pour amant le fils d'un meurtrier, n'est-ce pas ?... Et le mensonge s'impose de plus belle.

Mais, peut-être pas autant que dans le cas d'Éric. C'est enfin lui qui, loin de l'amitié et du nom

même de cette dernière, tient et nous révèle la seconde vérité (le second mensonge?) de toute la
pièce; beaucoup plus grave, beaucoup plus im-
pressionnante, beaucoup plus touchante aussi, on
ne l'apprend qu'à la toute fin: «J'ai une décoration
à la place du sexe, mon cher.» — Pour tout dire,
dans sa sympathie fondamentale envers Éric, l'auteur avait peut-être raison, car c'est sans doute lui,
le menteur par excellence, l'apologiste du mensonge, qui eût dû être le mari, sinon l'amant, de cette
artiste du mensonge qu'est Isabelle et que nous
présente l'auteur, sans pourtant jamais nous en révéler les véritables traits, ni nous les faire voir sur
scène...

*
*   *

En guise de conclusion, nous dirons que deux
choses ne laissent de nous étonner dans ce texte
— qui est, à ce qu'il nous semble, effectivement
une tragédie, ainsi que l'auteur lui-même le soutient, en faisant explicitement, dans ses remarques,
cette assez curieuse (et inhabituelle) distinction
entre drame, d'une part, et tragédie, d'autre part:
en effet, en premier lieu, il paraît s'identifier assez
fortement et explicitement au journaliste (les pro-
fessions respectives des protagonistes d'une qua-
rantaine d'années ont-elles quelque importance
dans cette tragédie?) Éric, fort et cynique, grand
amateur de mensonges nobles et grands, réaliste,
désabusé et philosophe, philosophe qui ose parfois
s'abandonner, non sans pudeur, semble-t-il, à certains élans purement poétiques; en second lieu,
nous nous permettrons de penser que, dans cet
échevel de demi-mensonges et de mi-vérités, c'est
effectivement et principalement ce pauvre bougre
de Xavier qui est le personnage le plus tragique

de la pièce de Dagenais, car, dans toute la mesure où Éric est un «lucide», Mathieu un «insignifiant», Xavier est un «magané»: c'est décidément le personnage le plus faible et, partant, le plus pathétique de la pièce, quelque sentiment de pitié catharsistique que puisse nous inspirer Éric, en dépit même de ses aveux.

Nous avons déjà dit, ci-dessus, que deux des personnages les plus fondamentaux de la pièce étaient absents de la scène: nous avons nommé le Mensonge et la Vérité. Or, qui, dans cette pièce, s'est fait le plus mentir, s'est fait le plus tromper, si ce n'est ce naïf, de benêt, cet imbécile de «tête de lard» de Xavier? À notre sens, il ne saurait certainement pas s'agir d'Isabelle, à l'égard de laquelle, en tant que lecteur et spectateur, nous n'éprouvons pas la moindre compassion. Nous aurions peut-être pu éprouver quelque pitié à l'égard de Jean-Claude (que nous ne connaîtrons jamais vraiment), à qui Isabelle a semblé retirer sinon soutirer son amour sans motif apparemment valable. Le double mensonge de Mathieu ne nous aura pas convaincu; en revanche, le noble mensonge d'Éric nous paraît aussi valable qu'acceptable, car il s'explique, devant une vaut-rien, par la souffrance indicible d'un homme émasculé, qui n'osait sans doute même plus faire face à la femme multiplement avide que nous livre l'auteur.

*

*　　*

Dramaturge de chez nous, Dagenais, avec son Isabelle, est peut-être allé au-delà de la dramaturgie pure et simple, de la dramaturgie proprement dite. Ceci dit sans la moindre intention de flatterie. Les antithèses qu'il nous propose (mensonge/vérité

XXII

— amitié/trahison — amour/tromperie — vie/mort) nous font d'abord songer à l'homme «éternel» et puis, ne fût-ce que vaguement, à Corneille, oui, à ce Corneille qui nous a légué un Cid immortel. Ce même dramaturge, toujours Dagenais, dans certaines des répliques qu'il met dans la bouche des personnages qu'il a su imaginer, rejoint, sait parfois rejoindre le très grand style de l'aphorisme philosophique — ici cru, là particulièrement cruel, souvent désabusé, mais invariablement lapidaire. Le lecteur, tout comme les éventuels (et nouveaux) interprètes sauront d'ailleurs s'en rendre compte, puisque la chose ne saurait échapper à quiconque. En terminant, nous n'exprimerons qu'un seul et unique vœu: que Dagenais, auteur dramatique à la plume à la fois sûre et habile — nous avons presque risqué le qualificatif «classique» — trouve de nouveau, ainsi qu'il semble nous l'intimer, à nous, lecteurs, un metteur en scène assez perspicace, assez subtil, assez intelligent, pour faire passer, lors d'une reprise que nous attendons non sans impatience, ce trésor de sentiments et d'émotions qui forment la trame même du drame humain, richesse qu'il nous livre et que nous aurions peut-être intérêt à contempler de nouveau, à admirer et — surtout, n'en doutons pas — à méditer, tout comme on peut mûrir longuement Le Misanthrope, La Mouette ou Hedda Gabler.

Gilles des Marchais

Pierre DAGENAIS, acteur, metteur en scène, dramaturge, écrivain, a «fait tous les métiers de mon métier», comme il l'écrit lui-même dans *Et je suis resté au Québec...*, autobiographie, incomplète et trop courte, publiée aux Éditions de la Presse en 1974.

Fondateur et directeur de l'Équipe (troupe de théâtre) en 1942, il rajeunit dès son premier spectacle, le visage et les cadres de l'art dramatique au Canada français. Une carrière étonnante, pleine d'embûches, remplie de hauts et de bas, s'ouvre pour lui dans notre pays: on peut dire qu'il entre déjà dans la légende.

Auteur de milliers de textes radiophoniques, de plusieurs heures de théâtre à la télévision, réalisateur, critique d'art dramatique, romancier, pamphlétaire, poète à ses heures, et cetera... Pierre Dagenais «se présente à nous tel le dernier des romantiques qui puisse circuler librement sur la rue Sainte-Catherine», écrivait de lui Claude-Henri Grignon dans sa préface des *Contes de la pluie et du beau temps.*

«Une littérature engagée et politisée? Jamais pour moi.» ... nous répond-il. Et il ajoute en souriant: «Les partis pris et les œillères sont les ennemis de la création artistique authentique. Celle-ci appartient à tous les citoyens du monde. Je vis pour la vie. La géographie politique n'est qu'un grand cimetière.»

En effet, *Isabelle* est une œuvre dramatique qui n'a pas de frontières.

1

Pierre Dagenais a publié antérieurement *Contes de la pluie et du beau temps* (Cercle du Livre de France, 1953); *Coups de gueule*, pamphlets (Les Éditions Pierre Dagenais enr., 1965-1966); *Le feu sacré*, roman (Les Éditions Beauchemin, 1970). *En préparation:* un recueil de poésies et un roman.

À Nini Durand

L'action du drame se déroule quelque part, dans une grande ville, n'importe où dans le monde.

ISABELLE

ISABELLE

CRÉATION ET DISTRIBUTION

Isabelle a été présentée pour la première fois sur la scène du théâtre de la Place Ville-Marie le 11 janvier 1966, mise en scène par Pierre Dagenais, dans des décors et des costumes de M. Jacques Pelletier et avec la distribution suivante :

PERSONNAGES

ÉRIC... 43 ans. Journaliste. Yves Létourneau

MATHIEU... 41 ans. Peintre. Jean-Pierre Compain

XAVIER... 38 ans. Libraire. Jacques Godin

Assistante à la mise en scène : Nini Durand

Quand j'ai connu la vérité,
J'ai cru que c'était une amie ;
Quand je l'ai comprise et sentie,
J'en étais déjà dégoûté.

Alfred de Musset

ACTE I

La salle de séjour, chez Éric.

Comme ce dernier occupe un petit appartement composé de quatre pièces seulement — cuisinette, chambre à coucher, salle à manger — cette salle de séjour représente également son cabinet de travail. Bien qu'il ne soit ni luxueux, ni particulièrement spacieux, sa décoration intérieure doit être d'un goût parfait même si plusieurs objets tout à fait hétéroclites, quelques meubles de style absolument opposé, un certain désordre — plutôt discret — brisent de façon nette et précise l'harmonie de l'ensemble. Bref, concevoir ce décor — lequel ne doit pas donner l'impression d'en être un — selon la personnalité, le caractère, la couleur et la profession du personnage qui l'habite. Au fond, une haute baie cintrée donne sur un couloir, lequel conduit à la cuisinette, à la salle à manger et au vestibule. La chambre d'Éric est contiguë à la salle de séjour. Une porte de dimensions ordinaires isole les deux pièces.

C'est l'automne. Le soir, vers les sept heures.

SCÈNE 1

ÉRIC, MATHIEU

> *Au lever du rideau, Mathieu devrait tourner le dos à Éric. Il pourrait se trouver, par exemple, près de l'unique fenêtre pratiquée dans l'un des murs de la pièce et regarder tomber sur la ville la morne pluie de la saison.*

> *Il porte un complet ordinaire un peu défraîchi, mal pressé. Il n'a ni chemise ni cravate.*

> *Sous son veston, un épais gilet de laine à col roulé. En arrivant chez Éric, il a négligemment déposé sur l'un des meubles son manteau court, sport, en gros velours côtelé et son chapeau tyrolien. Il bourre distraitement sa pipe mais il ne l'allumera pas tout de suite.*

> *Éric a débouché une bouteille de fine champagne. Un veston d'intérieur croisé sur la poitrine, simple et de bon goût, d'un tissu plutôt lourd et de couleur sombre, discrète — un gris de préférence — ajoute une note d'élégance à sa distinction naturelle, au raffinement de sa personnalité. Ce vêtement n'a pas été acheté la veille chez son tailleur. Pour travailler à son domicile, il en a — pour ainsi dire — tout autant besoin que de son stylo ou de sa machine à écrire. Une cravate d'un ton aussi*

très sobre est nouée impeccablement au col de sa chemise blanche. Le pli de son pantalon tombe droit et ses souliers noirs luisent de propreté. Il emplit aux trois quarts deux petits verres à dégustation et vient vers Mathieu.

Éclairage chaud et dramatique.

ÉRIC, *sans ironie* — Je ne t'aurais pas cru si impressionnable, Mathieu. Mais tu es peintre. Comment ai-je pu l'oublier? Il est regrettable que je ne me le sois pas rappelé pour t'apprendre la fin tragique de Jean-Claude. Je l'aurais fait de façon moins brutale. Avec les artistes, il faut souvent prendre des gants avant de les mettre en face de certaines réalités.

MATHIEU, *murmurant* — Jean-Claude!

ÉRIC — Eh oui, Jean-Claude! Il a fait l'imbécile. Et pour une femme. Rien ne peut être plus sot, ni plus triste. *(Lui tendant un des deux verres.)* Bois un peu. Ça t'aidera à avaler la pilule.

MATHIEU — Merci.

ÉRIC — Mathieu, je lève mon verre à la santé de tous les grands menteurs du monde!

MATHIEU, *après l'avoir regardé boire* — Alors, à la tienne, mon vieux. *(Il avale à son tour une petite gorgée de sa fine champagne.)*

ÉRIC, *le corrigeant avec le sourire aux lèvres* — À la nôtre, mon cher, à la nôtre! Je connais ta franchise mais, cette fois, tu n'échapperas pas au mensonge. Tu vas mentir parce que c'est ton devoir et que tu es un homme, Mathieu.

MATHIEU, *va s'asseoir, accablé* — Je n'y arriverai jamais. Je n'ai pas l'habitude.

ÉRIC — Elle se prend aisément.

MATHIEU — Ma voix me trahira.

ÉRIC — Tu me laisseras parler.

MATHIEU — C'est mon regard alors qui révélera ce que je voudrai taire.

ÉRIC — Tu baisseras les yeux.

MATHIEU — Que je bouge ou que même je reste inactif, je n'ai pas non plus coutume de regarder par terre. Tu me connais, Éric. J'ai l'allure de mon franc parler. Et c'est toujours à ciel ouvert que je pense ou que je rêvasse. [Mes tristesses ne sont pas plus souterraines que mes joies.]* Xavier ne trouvera pas ce comportement naturel.

ÉRIC — Mais si, mais si! On ne perd pas un ami très cher de façon aussi dramatique tous les jours. Xavier en sera lui-même à tel point affligé qu'il ne ne prêtera nulle attention à ton changement d'attitude. Tes réactions lui seront indifférentes. Il ne les observera même pas.

MATHIEU, *pensif* — Je n'en suis pas si certain.

ÉRIC — Et, d'ailleurs, advenant le cas où il remarquerait que tu n'es plus tout à fait le même; que tu es autre qu'à l'ordinaire; à supposer que tu agisses un peu maladroitement; que tu aies quelques hésitations; que tu accuses certaines réticences, il en attribuera le fait à ton chagrin.

MATHIEU — Oui, peut-être!

ÉRIC — Sûrement. Je te le répète, Mathieu: c'est un bien sale tour que Jean-Claude vient de nous jouer. Et Xavier ne trouvera rien d'étrange à ce que sa mort subite et idiote te bouleverse. Elle me fait frissonner également, figure-toi! Et, pourtant, j'ai le cuir dur.

MATHIEU — Quelle affaire!

ÉRIC — Nous étions très unis tous les quatre.

MATHIEU, *le regardant d'abord* — Tous les cinq!

---

* Les passages entre crochets ont été supprimés aux représentations du théâtre de la Place Ville-Marie.

ÉRIC, *devenu pensif, lui aussi* — Tous les cinq, oui!

MATHIEU — Pauvre Jean-Claude!

ÉRIC — Plutôt pauvre Isabelle! Lui, il n'est plus à plaindre.

MATHIEU, *avec beaucoup de simplicité* — Et, peut-être, pauvre, pauvre Xavier!

ÉRIC — Mais non, mais non! Puisqu'il ne saura jamais rien.

MATHIEU — Je voudrais en être persuadé.

ÉRIC — Il est sincère, naïf et confiant. Donc un peu bête. Xavier appartient à une classe généralement privilégiée, Mathieu. Celle des êtres béatement heureux et innocents. [La crédulité est à la fois leur faiblesse et leur force. Elle ne les met évidemment pas à l'abri du ridicule, mais elle leur évite l'âpre contemplation des fausses réalités et des fausses valeurs de notre existence et, la plupart du temps, les préserve ainsi du désœuvrement et de la souffrance.]

MATHIEU — La plupart du temps, oui, Éric, en effet. Mais... pas nécessairement toujours. Tu viens toi-même de le dire.

ÉRIC — Heu...

MATHIEU, *enchaînant dès après l'hésitation d'Éric* — Si, dans le cas de Xavier, le voile se déchirait, Éric? Cette fois, s'il la découvrait, la vérité?

ÉRIC, *après une courte pause* — Alors, malheureusement, il s'apercevra qu'elle est souvent moins belle que le mensonge. Je lui demanderai donc de l'accepter et de rester aveugle; de s'arracher consciemment les yeux de la tête. Et je m'efforcerai de lui prouver que l'homme ne peut avoir de noblesse et de dignité que dans la mesure où il exerce sa volonté à taire ce qu'il sait; que les saints eux-mêmes n'échappent pas à la règle et qu'ils doivent leur perfection et leur pureté au degré d'élévation spirituelle qu'ils donnent aux entorses à la vérité. *(D'un trait, il avale le contenu de son verre.)*

MATHIEU — Venant de toi, ce langage m'étonne, Éric.

ÉRIC, *le sourcil un peu relevé* — Ah! oui? Pourquoi?

MATHIEU — Tu n'as jamais pu souffrir les hypocrites.

ÉRIC — Et je les aurai toujours en sainte horreur! Je hais les «petits» menteurs, Mathieu. Ceux qui mentent sur toutes choses et pour rien d'essentiel; je hais les intrigants, les courtisans, les flatteurs et les prétentieux; [je hais tous ceux qui mentent pour assouvir leur insatiable soif des honneurs ou bien pour satisfaire leurs désirs insensés; ou encore ceux que l'envie, la jalousie aveuglent au point qu'ils se rendront jusqu'à la calomnie.] Je hais les lâches, les imposteurs, les traîtres et les faux prophètes, oui, Mathieu, oui! J'exècre tous ceux-là. Du reste, ce ne sont pas de «vrais» menteurs. Ce sont des hypocrites ainsi que je les nomme. *(Après une très légère pause, il enchaîne sur un ton plus calme.)* Mais il y a les autres.

[MATHIEU — Quels autres?]

[ÉRIC — Ceux qui sont authentiques et porteurs d'espérance.]

[MATHIEU — Lesquels?]

[ÉRIC — Je les appellerais volontiers «les Marchands de Paix». *(Il ne peut réprimer un petit sourire ironique.)* Décidément, la mort de Jean-Claude fait de moi un romantique et un sentimental. Voilà que je m'exprime comme les faux poètes. «Porteurs d'Espérance et Marchands de Paix!» Vraiment, Mathieu, je baisse dans mon estime.]

MATHIEU, *souriant* — De qui veux-tu parler, Éric? Qui sont-ils ces nobles menteurs?

ÉRIC, *très simplement* — De grands hommes!

MATHIEU — Mais encore?

ÉRIC — Les espions, par exemple.

MATHIEU, *peut-être un peu dégoûté* — Des fourbes, des aventuriers!

ÉRIC — Tu crois ça, oui? C'est ainsi que tu juges ceux qui risquent à chaque instant leur vie — somme toute pour sauver la tienne — et qui rusent pour le salut de leur patrie quand ce n'est pas pour celui du monde?

MATHIEU — Heu...

ÉRIC, *ne lui donnant pas le temps de répliquer* — [Moi, je mets, au contraire, chapeau bas devant eux. Car les vrais espions — j'entends les espions vrais — sont les plus honnêtes gens de la terre, Mathieu. Souvent, c'est grâce à eux que les peuples doivent leur survivance. Les ruses de guerre sont inéluctables, voire nécessaires.] Et les fins diplomates, et les chefs d'État de bonne trempe ont eux aussi une existence qui déborde obligatoirement de mensonges officieux. Mon cher, — ne t'en déplaise — je les admire. Ce sont les contre-vérités qui nous rendent la vie supportable.

MATHIEU, *souriant* — Jésuite!

ÉRIC, *riant* — Oh! que non! Moi, je crois en Dieu. Et je le prie à ma façon pour que, chaque jour, Il me prive de voir clair afin que jusqu'à mon trépas je reste un homme heureux.

MATHIEU — Tu l'es!

ÉRIC — Autrement plus que les jésuites en tout cas.

MATHIEU, *son sourire s'efface et, tristement* — Nous sommes loin de Jean-Claude!

ÉRIC — Pas tellement. Les vivants rejoignent vite les morts [et la distance qui les sépare est de courte étendue.] Aussi nos afflictions sont vaines et stériles; et nos joies pareillement.

MATHIEU, *devenant un peu nerveux, impatient* — Oui, oui, sans doute! Mais si Xavier s'avise de vouloir comprendre et se dessille les yeux, il raisonnera bien autrement. Lorsqu'on a trente-huit ans, on ne s'arrête pas à penser à la vanité de nos bonheurs, ni à celle de nos désespoirs au moment même où l'on goûte les plaisirs ou les poisons de la vie. On rit ou l'on pleure. Tout simplement. Sans se demander si cela en vaut la peine. Et l'idée que, demain déjà, ce sera la fin du jour ne nous effleure même pas l'esprit.

ÉRIC — Voilà pourquoi, précisément, il nous faut tous apprendre à mentir, Mathieu. Apprendre à nous mentir et à mentir aux autres. Et prendre surtout soin de le bien savoir faire. Avec sincérité et avec élégance. Garder le visage ferme et faire bonne contenance. S'assurer tout d'abord que le mensonge sera efficace.

MATHIEU — Mais enfin...

ÉRIC, *enchaînant et parlant plus fort pour couvrir la voix de Mathieu* — Oui, mon cher, j'ai pour les grands menteurs — au bout du compte, les seuls êtres vrais dans le monde — une affection toute particulière; une tendresse et un respect que je n'accorde à personne d'autre. [Car les hommes dignes d'en porter le titre cachent tous dans l'un des replis déchirés de leur cœur le poids sacré d'un grand mensonge, à la fois terrible et généreux.] *(Il sort un étui à cigarettes d'une des poches de son veston.)*

MATHIEU, *le regardant un peu perplexe et sur un ton calme* — Je ne te suis pas très bien, Éric.

ÉRIC — Ah non?

MATHIEU — C'est-à-dire que... je pense toujours à Xavier et je me demande... heu...

ÉRIC, *portant à ses lèvres une cigarette* — Quoi, Mathieu? Qu'est-ce que tu te demandes?

MATHIEU — Eh bien, si Xavier se montrait maintenant plus perspicace; si, par malheur, le suicide de Jean-Claude le rendait plus lucide...

ÉRIC, *l'interrompant* — J'en serais très étonné. (*Et il se servira d'un briquet pour allumer sa cigarette.*)

MATHIEU, *après une légère pause* — Pas moi.

ÉRIC *allume sa cigarette avant de lui répondre* — Évidemment, je peux me tromper.

MATHIEU — Ils sont comme ça les malheureux qui toujours sèchent sur les livres. Pour un temps, ils n'entendent rien ; ils ne voient rien de ce qui se passe autour d'eux. Et puis, brusquement, un coup de vent subit fait voleter les pages. Alors, venant de-ci, de-là, par rétrospection, ... par introspection... ou même par intuition pure et simple, la vérité les frappe de front et ils finissent par voir les choses sous leur vrai visage. Pour affermir leur certitude incroyable, leurs lectures elles-mêmes viennent à leur secours.

ÉRIC, *enchaînant* — Ou les entraînent directement à leur perte. (*Une très légère pause.*) Ouais !

MATHIEU, *revenant à sa question* — Alors, Éric...

ÉRIC, *pensif* — M-mm... ?

MATHIEU — ... si j'avais raison ; si mon instinct ne me trompait pas ? S'il découvrait absolument tout, de *A* jusqu'à *Z*, que lui diras-tu ? D'après toi, par quel respectueux et sacro-saint mensonge devrait-il répondre à celui d'Isabelle ?

ÉRIC, *un léger silence puis il le regarde* — Par celui du silence, Mathieu.

MATHIEU, *se demandant s'il a bien compris* — Quoi ? Pardon ?

ÉRIC — Tu m'as compris.

MATHIEU, *éberlué* — Oui, oui, je t'ai compris. Je t'ai même fort bien compris. Mais tu t'abuses ou tu te moques de moi !

ÉRIC — Il se peut que je m'abuse, Mathieu, mais, crois-moi, je ne raille point.

MATHIEU — Voyons, voyons, Éric! Réfléchis un peu. Redescends sur terre, je t'en prie. Tu te perds dans les nuages.

ÉRIC, *avec un sourire un peu blasé* — Oh! ce n'est pas dans ma nature de me nourrir d'illusions. Tu le sais.

MATHIEU — Ça, alors!

ÉRIC — Oui, oui; je dois soudainement te paraître un peu fou, candide ou inconscient. Et c'est normal. Sois cependant bien convaincu de ma lucidité.

MATHIEU — Tu prétends...

ÉRIC, *l'interrompant* — Si la vérité éclate aux yeux de Xavier, je prétends lui démontrer qu'il est, peut-être, à compter d'aujourd'hui, l'homme le plus favorisé du monde.

MATHIEU, *ironique, ouvrant de grands yeux* — L'homme le plus favorisé du monde?

ÉRIC — Dans un sens, oui, mon cher. Car, dis-moi, quel est celui qui, parmi nous, peut avoir la volupté enivrante et, surtout, la certitude absolue de posséder une femme corps et âme, et à tout jamais?... Je prétends pouvoir lui prouver que, s'il ne se tait pas, il n'y a plus d'existence possible pour Isabelle. Je m'évertuerai à le convaincre que la mort de Jean-Claude en fait désormais le seul maître de sa destinée. Qu'il dépend uniquement de lui qu'elle s'enterre vivante dans le souvenir de cette tragédie ou qu'elle retrouve, un jour, grâce à l'accueil tranquille et chaud de son silence, cette paix mitigée qui nous est offerte à la frontière du bonheur perdu.

MATHIEU, *après une pause* — Même si tu le persuadais que tout ce que tu dis est vrai, Éric, il n'aura peut-être pas la force de rester muet.

ÉRIC — Un jour ou l'autre, il faut bien finir par tout accepter. Pour lui, le moment est venu. Il est temps qu'il se réveille.

MATHIEU — S'il n'est pas trop tard!

ÉRIC — Isabelle n'aurait alors été dans sa vie qu'un mirage de l'amour, Mathieu. Car est-ce aimer un seul instant que de pouvoir ne plus aimer l'instant d'après? S'il n'acceptait pas de sceller sur ses propres lèvres la trahison funeste d'Isabelle, où donc trouverait-il maintenant une autre raison de vivre? D'après ses touchants aveux — conformes, du reste, à sa ligne de conduite tout à fait édifiante — la sienne, Mathieu, sa raison de vivre, n'était-ce pas justement Isabelle et seulement Isabelle? «Elle, morte, je ne saurais lui survivre!» C'était son leitmotiv des jours de brume et de cafard. Toi, tu le trouvais divin; et, moi, plutôt narquois, je souriais de cette redite romanesque. Mais, à présent, je ne souris plus. Non, je n'ai plus envie de sourire. «Elle, morte, je ne saurais lui survivre!» Eh bien! qu'il l'assassine et qu'il se tue ensuite: tout sera parfait! Bien que ce point final au drame qui se joue me paraîtrait énorme et d'un caractère un peu gras. Rien de moins que grossier. Et s'il ne la tue pas, il n'a plus qu'à se taire!

MATHIEU — S'il a le goût de crier?

ÉRIC, *froidement* — Il n'aura que plus de mérite à ne pas le faire.

MATHIEU — C'est parfois difficile de retenir sa langue.

ÉRIC — Je ne soutiens pas non plus que cela soit facile de devenir un homme. Mais c'est un rôle que, tous, nous devons jouer. À un certain moment, il nous est imposé et nous n'avons plus qu'à porter le masque. Ce n'est pas le théâtre qui forme les plus grands acteurs.

MATHIEU — Et s'il n'a pas le talent de composer son personnage?

ÉRIC — Ce sera tant pis pour lui... et fatal pour Isabelle. Car la vieillesse aura tôt fait de la griffer à grands coups de rides.

MATHIEU — Et Xavier? Que deviendra-t-il? Est-ce que, pour lui aussi, la vie ne s'arrêtera pas là?

ÉRIC — Xavier? Son bonheur? Sa paix? Sa vie? Au diable, Mathieu, à tous les diables! S'il parle, je n'y songerai même pas. Sa détresse, il l'aura voulue; il ne lui restera qu'à s'en mordre les doigts.

MATHIEU — Tu es très dur, Éric.

ÉRIC — Ah oui?

MATHIEU, *faiblement* — Enfin, penses-y un peu...

ÉRIC, *l'interrompant* — Justement, j'y pense. Et beaucoup; pas un peu. Y penser? Mais je ne fais que ça depuis que je sais. Réfléchis plutôt toi-même un seul instant et tu partageras très vite mon sentiment. Il n'y a que le silence pour les sauver tous les deux de l'abîme. Elle et lui également; crois-moi. Et ce n'est certes pas Isabelle qui ouvrira la bouche. Que Xavier mette donc un bâillon sur la sienne et, peu à peu, la sérénité reviendra sur leurs fronts. Un seul mot peut les perdre; il ne faut pas qu'il le prononce. Il doit le ravaler même si, pour un temps, il en a des nausées. Qu'il ne dise rien; qu'il se taise. C'est à cette condition et à cette condition seulement que leur amour peut être récupérable. S'il refuse de le faire? S'il desserre les dents? Non, mon cher, je ne le plaindrai pas. Xavier aime Isabelle? Ah oui, vraiment? Eh bien, il ne trouvera jamais dans sa vie une plus belle occasion de le prouver! Qu'il épouse quiètement sa détresse, Mathieu. Il n'a pas d'autre choix. Qu'il mente et mente toujours bien afin de lui laisser croire à jamais qu'il ne sait rien. En agissant ainsi, du reste, c'est son propre bonheur qu'il se trouvera peut-être à préserver.

MATHIEU, *amer* — Oui, tu as sans doute raison, Éric. Je dirais même: très certainement. [D'ailleurs, moi, en principe, je suis d'accord avec toi.] Parce que, probablement... (*Souriant, tristement.*) Oui, oui, c'est bien ça: parce que, «précisément,» je ne m'appelle pas Xavier. Isabelle? Mais naturellement que je lui pardonne son infidélité, allons donc! Et facilement. Très facilement. Je suis Mathieu, moi, n'est-ce pas? Et non Xavier. Après tout, ce n'est pas moi, le cocu; c'est lui. Et puis, plus j'y pense, entre nous deux, Éric, est-ce qu'il n'est pas un peu responsable d'avoir été trompé par Isabelle?... Xavier! un bonhomme merveilleux, oui; mais, au fond, un pauvre type! Un genre de moine sans robe de bure! Sans vice, sans passion; même presque sans défaut. Buvant à peine et fumant peu. Amant de ses livres et mari honnête de sa femme! Petit libraire modeste dépourvu d'ambitions. Plutôt solitaire et fort peu sociable. Pas d'enfant. Trois amis seulement. Franchement, il nous faut bien l'admettre, tout cela n'était pas très affolant pour elle. Oui, oui, comme toi, je comprends mieux que personne la faiblesse d'Isabelle. Et depuis quelque temps, d'ailleurs, comme une brave et bonne fille amoureuse, en fait, de son mari et reconnaissant son erreur, elle avait mis fin à l'aventure. Je l'excuse donc et je lui pardonne de grand cœur. Qui est-ce qui ne commet pas au moins une grande faute dans sa vie, n'est-ce pas? Je te le demande. *(Et il va se cabrer petit à petit.)* Si je me sens amer, je ne suis pas ironique. Je raisonne comme toi, mon vieux. Un seul remède peut les guérir et c'est le silence de Xavier. Oui, Éric, je t'approuve: il n'y a que le silence pour panser peut-être leur blessure. Celle de l'un tout comme celle de l'autre. Ce que tu dis est juste, rationnel et indiscutable. *(Et maintenant avec force:)* Mais nous ne sommes pas Xavier, comprends-tu? **Nous ne sommes pas Xavier.** Tu es Éric et, moi, Mathieu. Les malheureux témoins de cette tragédie. Rien de plus. Lui, il en est la victime.

ÉRIC, *très calme* — Pas encore.

MATHIEU, *lui criant presque à la figure* — Peut-être pas, non! Mais attends le dénouement et tu assisteras à son martyre. Même si je ne peux pas m'expliquer pourquoi, j'en ai la conviction. Et s'il hurle, et s'il se tord de douleur, tu voudrais que je n'aie pas pitié de lui?

ÉRIC, *toujours très calme* — Nous ne sommes pas Xavier, Mathieu. Rien n'est plus juste. Alors, toi, au moins, ne fais pas de crise, veux-tu? *(Mathieu va répliquer mais il reste bouche bée, le regarde et se tait.)* Voilà qui est mieux. Et sache aussi que nous ne sommes pas seulement que des témoins, mon cher. Nous sommes des amis. Des vrais. Des amis profondément attachés les uns aux autres. Des amis rares. Et c'est quelque chose. Et la preuve? C'est qu'en ce moment tu cherches à prendre la place de Xavier; tu essaies de te mettre dans sa peau. Donc, tu souffres. Et... moi aussi. Tu prévois le pire?... Bon... Supposons donc que tu ne te trompes pas et que le pire arrive. Xavier apprend tout. Nous nous trouvons tous deux devant le fait. Bon... Que nous faut-il pour nous montrer à la hauteur de la situation, Mathieu?... Du sang-froid avant tout. Garde donc ta tête sur tes épaules. *(Légère pause.)* ... Xavier n'est pas non plus, comme tu viens de le prétendre, «la» victime de cette tragédie. Il n'en est qu'une des trois. Et pas la plus pitoyable. La première et la plus touchante, c'est Isabelle. Parce qu'elle est vivante et que souvent, la nuit, le jour, jusqu'à sa dernière heure, elle aura rendez-vous avec un amant mort. Mort bêtement pour elle et à cause d'elle. Car si jamais elle ne s'était donnée à Jean-Claude, il respirerait en ce moment. La deuxième victime, mon cher, c'est lui. Ah le crétin! Oui, c'est lui: ce triste Jean-Claude! Parce que, dans trois jours, et à l'âge de trente-six ans, il sera déjà enfoui dans le grand parterre où c'est le corps des hommes qui enfante les fleurs. Dans l'attente de l'éternité, c'est un passe-temps tout de même assez joli, je l'avoue. Je ne veux donc pas trop pleurer sur son sort. Cela me ferait penser inutilement au mien qui ne sera pas différent même si je préfère suivre le chemin ordinaire pour en arriver là. Et j'aime encore mieux pouvoir regarder les roses que d'être leur père nourricier. Non, je ne veux pas pleurer, alors passons, passons!... Ainsi, nous voilà revenus à la troisième victime: Xavier. Nous l'attendons. Il va bientôt arriver. Et si, par malheur...

On sonne à la porte d'entrée. Instinctivement, Éric et Mathieu jettent un coup d'œil vers le couloir.

ÉRIC, *restant calme* — Le voilà.

MATHIEU, *se levant* — Qu'est-ce que je fais?

ÉRIC, *souriant avec ironie* — Allume ta pipe. *(Et il se rend jusqu'à la baie.)*

MATHIEU — Heu... oui, c'est ça.

ÉRIC, *s'arrêtant avant de quitter la pièce* — Mathieu?

MATHIEU — M-mm, oui?

ÉRIC — Advenant le cas où ton intuition serait bonne, il se peut fort bien que, seul, je ne réussisse pas à lui faire absorber le choc.

MATHIEU — C'est malheureusement ce que je pense. Alors, quoi?

ÉRIC, *souriant de nouveau* — Tu m'aideras. *(Et il sort de scène.)*

MATHIEU, *seul et haussant les épaules* — Je ne vois vraiment pas comment!

Mathieu allume alors sa pipe et se rend à la fenêtre. Il reprend donc la place qu'il occupait au

*début de l'acte et se trouvera ainsi à tourner le
dos à Éric et à Xavier lorsqu'ils entreront dans
la pièce. On entend s'ouvrir la porte d'entrée.*

SCÈNE 2

ÉRIC, *de la coulisse* — Bonsoir, Xavier.

XAVIER, *même lieu* — Bonsoir.

> *On entend la porte se refermer. Et toujours de la coulisse :*

XAVIER — Un vrai temps pour les canards !

ÉRIC — Suspends ton chapeau et ton manteau, et viens nous retrouver. Mathieu est là.

> *Éric revient au salon.*

ÉRIC, *entrant dans la pièce et haussant un peu la voix* — Qu'est-ce que tu vas prendre ? Whisky, gin ou cognac ?

VOIX DE XAVIER — Rien pour tout de suite.

MATHIEU *a un regard vers Éric, hausse encore une fois les épaules et branle légèrement la tête de gauche à droite* — ...

ÉRIC, *enchaînant après la réplique de Xavier* — Je te sers tout de même un cognac.

VOIX DE XAVIER — Ce que tu voudras puisque tu insistes.

ÉRIC, *intentionnellement, mais avec naturel* — Des nouvelles de Jean-Claude ? (*Le visage de Mathieu devient crispé : mauvaise grimace.*)

27

VOIX DE XAVIER — Non, aucune. J'ai cru qu'il serait peut-être ici.

ÉRIC, *froidement* — On ne peut plus l'atteindre.

VOIX DE XAVIER — Le fait est que, depuis trois semaines, il joue à cache-cache avec nous. Ne me dis pas qu'enfin il se serait laissé ensorceler par une femme!

ÉRIC, *pendant que Mathieu lui jette un regard pitoyable* — C'est bien possible. Chose certaine, c'est que, présentement, il se fiche de nous éperdument et qu'il aurait pu se montrer plus gentil!

Après une très légère pause, Xavier apparaît dans la pièce. Il est grand, assez fort, d'une taille bien proportionnée. Contrairement à ce que, peut-être, on aurait pu s'attendre, il ne fait pas du tout physiquement «bon enfant» crédule, naïf et un peu simple, Et, sans avoir l'allure d'un don Juan, il ne manque pourtant pas de charme. Il a la figure claire, ouverte, mais marquée par la réflexion, la méditation et l'usure des longues veillées passées à lire, à se meubler l'esprit. Il porte des lunettes. Il est sans manières affectées. Ni prétentieux ni trop modeste. Propre. Aucune recherche dans sa mise; rien de négligé cependant. Il est vêtu simplement. Comme tout le monde. Lorsqu'il fait son entrée en scène, il s'arrête un court instant dans le cadre de la baie cintrée de la salle de séjour pour frotter ses lunettes avec son mouchoir.

XAVIER — Bonsoir, Mathieu.

MATHIEU, *sans se retourner* — ...'soir, Xavier.

XAVIER — Quelle journée!

MATHIEU — Et la soirée s'annonce encore plus triste!

ÉRIC — C'est l'automne!

XAVIER — Ça ne vous inquiète pas, vous deux?

ÉRIC — Quoi donc !

XAVIER, *entrant maintenant tout à fait dans la pièce* — Jean-Claude ?... Enfin, sa façon d'agir ? Son attitude envers nous depuis presque un mois ? ... Il n'est jamais resté si longtemps sans nous donner signe de vie. Même lorsqu'il était en voyage. Il nous faisait toujours parvenir un petit mot, une carte postale. Qu'est-ce que nous lui avons fait pour qu'il nous laisse tomber comme ça, subitement ?

ÉRIC — Rien.

XAVIER — C'est bien ce que je me dis. Aussi je trouve plutôt bizarre que nous n'entendions pas parler de lui ; que nous ne sachions pas ce qu'il devient. Pas vous ?

MATHIEU — Heu...

XAVIER, *enchaînant* — Depuis trois ou quatre ans, nous nous voyons régulièrement chaque semaine. Ou si la chose est parfois impossible, on se passe tout de même un coup de fil. Mais là, c'est le silence complet, hein ?

ÉRIC — Ah ! tout à fait !

XAVIER — Et il ne doit pas non plus être souvent chez lui ; cela fait au moins dix fois que je lui téléphone et... jamais de réponse.

ÉRIC — Non, il n'est pas chez lui.

XAVIER, *un peu étonné de cette réponse catégorique* — Pourquoi dis-tu ça sur ce ton ?... Tu sais où il est, toi ?

ÉRIC — Oui.

XAVIER — Où ?

ÉRIC, *lui apportant son verre de cognac. Il a servi Xavier généreusement* — Tiens, avale ça.

XAVIER — Tu n'y vas pas de main morte, dis donc. Tu veux me soûler ?

ÉRIC, *souriant* — Pourquoi pas ?

XAVIER — Tu sais que je bois très peu.

ÉRIC, *sans méchanceté. Moqueur, mais il dit ce qu'il pense* — Oui, je sais ça. Sauf ton travail et tes lectures, je sais que tu fais à peu près tout à moitié.

XAVIER, *sans se vexer; plutôt amusé* — Eh bien, merci!

ÉRIC — D'ailleurs, le temps est humide et l'alcool tue les microbes. Je veux t'éviter de prendre un mauvais rhume. Allez, bois un coup!

XAVIER, *ne buvant pas tout de suite et souriant* — Toujours au sujet de Jean-Claude, Éric? Une... une histoire de femme?

ÉRIC — Je te demande d'avaler une gorgée. Tu digéreras mieux la nouvelle.

XAVIER — Tu commences à m'effrayer, toi.

ÉRIC — Il n'y a pas de quoi puisque tu es là avec nous et en bonne santé! Bois... bois un peu.

XAVIER — Une... une mauvaise nouvelle alors?

ÉRIC — Oui, plutôt!

MATHIEU, *sans bouger* — M-mm!

ÉRIC — Oh!... Tout dépend de l'importance qu'on accorde à sa petite personne!

XAVIER, *regardant d'abord du côté de Mathieu puis s'adressant de nouveau à Éric* — Vous faites une drôle de tête, tous les deux!

MATHIEU, *lui tournant toujours le dos* — Dans une minute, tu vas en faire une, toi aussi!

XAVIER — Ah?

ÉRIC — Ouais!

XAVIER *n'a pas encore trempé ses lèvres dans son verre* — Qu'est-ce qui se passe?

MATHIEU, *se retournant enfin pour faire face à Xavier et voulant être naturel* — Comment est Isabelle, Xavier? (*Éric lui adresse un regard à la fois mécontent et hautain.*)

XAVIER, *étonné de cette question qui tombe vraiment mal à propos puisque c'est au sort de Jean-Claude qu'on s'intéresse en ce moment* — Mais... elle est très bien. Je viens tout juste de lui parler. Je lui ai précisément téléphoné pour lui laisser savoir que je ne rentrerais pas manger à la maison, ce soir... Pourquoi? Quel rapport?

ÉRIC — Aucun.

MATHIEU — C'est... c'est-à-dire qu'elle est bien gentille de ne t'avoir rien dit.

XAVIER, *répétant, songeur et très simplement* — « De ne m'avoir rien dit!»... Quoi? Qu'est-ce qu'elle m'a caché?

MATHIEU, *posant la question presque malgré lui* — Elle avait la voix claire au téléphone?

XAVIER, *devenant un peu impatient* — Mais enfin, qu'est-ce que c'est que tout ce mystère? Éric m'appelle à la librairie pour me donner rendez-vous ici et me fait promettre d'y venir; que c'est important; qu'il a quelque chose à m'apprendre...

ÉRIC, *l'interrompant* — Oui, quelque chose de grave.

XAVIER, *enchaînant sans se préoccuper de l'interruption* — J'arrive. Me voilà. Vous me laissez entendre que Jean-Claude est probablement dans de beaux draps.

ÉRIC, *sèchement et presque dans un souffle* — Oh! oui! C'est le cas de le dire!

XAVIER, *enchaînant encore comme s'il n'avait pas entendu la réflexion d'Éric* — Toi Mathieu, tu me demandes alors comment va Isabelle. Je te réponds qu'elle est très bien même si je ne vois pas du tout le rapport que cela peut avoir avec, apparemment, la mauvaise fortune de Jean-Claude. Éric me dit, d'ailleurs, que cela n'en a aucun. Et voilà, pourtant, que tu sembles tout étonné qu'Isabelle ait eu la voix claire au téléphone. **Je suis là.** Alors, cessez d'agir comme des enfants et apprenez-moi ce qui se passe, bon sang! *(Un silence pendant lequel il les observe puis, calmement, mais maintenant oppressé.)* Eh bien!, j'attends.

ÉRIC, *sans brutalité mais aussi sans émotion particulière* — Jean-Claude s'est suicidé cet après-midi. À trois heures.

XAVIER, *son visage devient impassible. Pas un de ses muscles faciaux ne bouge. Après un silence* — C'est... c'est une sale blague?

ÉRIC — Oui.

XAVIER, *blanc* — Je la trouve sinistre.

MATHIEU — Nous aussi.

ÉRIC — J'ai voulu dire: une sale blague de sa part. Je suis sérieux.

XAVIER, *après un autre silence plus court que le précédent* — ... Mathieu?

MATHIEU *le regarde tristement mais ne répond rien.*

XAVIER — Non!

ÉRIC — Maintenant que tu le sais, bois ton cognac. Ça te soulagera l'estomac.

Alors Xavier suit le conseil d'Éric. D'une main tremblante, il porte la coupe de cognac à ses lèvres et avale une petite gorgée.

ÉRIC, *souriant* — Je pensais que, pour une fois, tu te laisserais aller et que tu l'avalerais d'un trait.

XAVIER, *ne pouvant le croire* — Jean-Claude s'est suicidé cet après-midi?

ÉRIC — Ouais!

MATHIEU — Quelle affaire, quelle affaire!

XAVIER — Mais... mais pourquoi?

ÉRIC — On ne peut pas le lui demander.

XAVIER, *blessé* — Il me semble, Éric, que cela ne nuirait pas à ta réputation de te montrer un peu moins cynique. (*Il avale une autre petite gorgée de cognac.*)

MATHIEU — Un moment de folie, sans doute!

XAVIER, *après une légère pause* — Chez lui?

MATHIEU — À son appartement, oui. Dans sa chambre.

XAVIER — Et... il n'a donné aucune explication?

ÉRIC — Non, il n'a donné aucune explication. D'ailleurs, quand on a le sens du savoir-vivre et le moindrement de délicatesse, on se suicide généralement à huis clos. On ne court pas après les témoins. On n'avertit personne.

XAVIER, *hérissé* — Bon sang! tu ne peux pas savoir à quel point ton attitude m'exaspère, Éric! Tu as très bien compris ce que j'ai voulu dire.

ÉRIC — Quoi donc?

XAVIER, *se calmant* — Il... il n'a laissé aucune note? Aucune lettre?

ÉRIC — Non.

XAVIER — C'est incompréhensible, ça!

ÉRIC — Mais pas du tout! Un égarement, un moment de folie! Inutile de chercher plus loin. Mathieu est intelligent et il vient de nous donner la seule explication plausible.

XAVIER — Un moment de folie, un moment de folie! Je trouve que vous tranchez vite la question!

ÉRIC — Mais elle ne se pose même pas, la question! Jean-Claude s'est supprimé. Point final. Que veux-tu qu'on te dise de plus et à quoi bon se creuser la tête maintenant pour essayer de comprendre. Qu'est-ce que ça donnera, dis-moi?

XAVIER — Ça donnera, ça donnera...

ÉRIC, *l'interrompant* — Rien du tout. Absolument rien. Comme nous, du reste, tu t'en rends déjà compte.

MATHIEU — Éric n'a pas tort; c'est vrai, Xavier. Pourquoi se torturer en vain!

XAVIER, *répétant* — «Un égarement, un moment de folie!»... Il faut tout de même avoir des motifs pour perdre la raison comme ça, subitement.

ÉRIC — Non, justement, il n'en faut pas. Pas plus qu'il n'en existe pour qu'on naisse et pour qu'on meure. Cela se fait comme ça, précisément. Subitement. On vit sur un non-sens, mon cher Xavier.

XAVIER — Il n'avait pourtant pas d'ennuis d'argent. Même que, de l'argent, il en avait plutôt à jeter par les fenêtres!

MATHIEU — M-mm!

XAVIER — Et puis, il n'était amoureux de personne. Alors, il ne peut pas s'agir d'une histoire de femme non plus!

ÉRIC, *le regardant droit dans les yeux* — Non. Définitivement pas. Quand je l'ai connu, j'ai même été longtemps à le mal juger. Je croyais qu'il était pédéraste.

XAVIER, *très abattu* — Ce n'est pas possible!

ÉRIC, *pensif* — Tout est possible!

XAVIER — C'est terrible! *(Et il avale une autre petite gorgée de cognac.)* Jean-Claude s'est suicidé.

ÉRIC — Ouais!

MATHIEU, *ne sachant que faire et que dire pour détourner le sujet de la conversation* — Eh bien... si on allait souper quelque part, hein?

ÉRIC — Excellente idée!

XAVIER, *à Mathieu* — Tu as faim, toi?

MATHIEU — Heu... non!

ÉRIC — Moi non plus. Seulement, on pourrait peut-être aller se distraire au théâtre. Cela nous éviterait de sombrer dans le noir inutilement. Suzy Presle joue au Paris en ce moment. Dans *la Vérité toute nue*. C'est une très jolie poule et il paraît que, dans une scène de la pièce, elle s'incorpore elle-même au titre. Ça vous dit quelque chose?

MATHIEU — Heu...

XAVIER — Tu sais que tu me dégoûtes un peu, Éric?

ÉRIC — Ah oui? Pourquoi ça?

XAVIER — Ça te gênerait tellement d'avoir parfois une certaine décence?

ÉRIC — Mais j'en ai, mon cher, j'en ai. Ce n'est pas moi qui me déshabillerais en public, tu peux me croire.

XAVIER — Je préfère ne pas te répondre, tiens!

ÉRIC — Mon cher Xavier... ah! et puis non! J'aime autant me taire, moi aussi.

XAVIER — C'est sans doute mieux, oui, en effet. *(Il va de nouveau porter sa coupe de cognac à ses lèvres, mais il arrête son geste et...)* Mais dites donc, dites donc, j'y songe tout à coup?

ÉRIC — Ne réfléchis pas trop; ce sera sans doute mieux également.

XAVIER — Pourquoi m'avoir donné rendez-vous ici au lieu de s'être réunis chez moi, à la maison?

ÉRIC — J'ai cru que...

XAVIER, *l'interrompant* — «Tu as cru, tu as cru...!» Mais Isabelle alors? *(Il enchaîne après une très légère pause.)* Puisque Mathieu m'a demandé de ses nouvelles sur un petit ton bizarre — qu'il voulait innocent mais qui m'a frappé tout de suite — et que, dès après ma réponse, il a paru surpris d'apprendre qu'elle ait eu la voix claire au téléphone, c'est donc qu'il supposait qu'elle était déjà au courant de... *(Il ne continue pas sa phrase et enchaîne presque aussitôt...)* Ou plutôt, non! Il ne supposait rien du tout. Il le savait très bien qu'elle aussi elle savait. Puisqu'il a ensuite ajouté qu'elle s'était montrée fort gentille de ne m'avoir rien dit. Et tout cela devant toi, Éric. Tu n'as pourtant eu aucune réaction. Donc, toi non plus, tu n'ignorais pas qu'on avait informé Isabelle du suicide de Jean-Claude. Peut-être t'es-tu même chargé de la renseigner personnellement, oui? Après tout, pourquoi pas? Les journalistes sont, la plupart du temps, les premiers à tout savoir, à tout découvrir. Non? *(Après un léger silence.)* À quoi as-tu pensé?

ÉRIC, *tout naturellement* — Comment: «à quoi ai-je pensé...?»

XAVIER — Pourquoi ne pas l'avoir invitée à venir nous rejoindre ici?

ÉRIC, *jouant très bien la comédie; sans hésitation* — Je l'ai fait; c'est elle qui n'a pas voulu. Elle m'a dit qu'elle avait le visage trop défait pour sortir.

XAVIER — Mais alors, triple imbécile, c'est chez moi que nous devrions tous être. *(Et il vide son verre de cognac d'un trait.)*

ÉRIC — C'est encore elle qui a insisté pour que nous nous retrouvions tous les trois ailleurs que chez vous.

XAVIER, *étonné* — Tiens!... Pourquoi ça?

ÉRIC — Pour la même raison que je t'ai donnée tout à l'heure, Xavier. Comme moi, elle est d'avis que ce serait plus intelligent d'aller nous divertir quelque part ensemble plutôt que de passer toute la soirée chez toi ou ici à nous regarder la larme à l'œil.

XAVIER, *murmurant tristement* — Aller nous divertir alors que Jean-Claude vient tout juste...

MATHIEU, *l'interrompant* — Enfin, par «nous divertir», comprends... heu... nous changer les idées, quoi!

XAVIER, *le regardant ironiquement* — Il y a une différence?

MATHIEU — Heu...

XAVIER — Et, d'ailleurs, qu'il y en ait une ou non, je ne vois pas très bien comment j'y parviendrais!

ÉRIC — On parvient à tout. Même et surtout à oublier.

XAVIER — Je croyais que tu aimais Jean-Claude...?

ÉRIC — Et tu ne te trompais pas ; c'était un ami. Mais je reste et il est parti. Je n'y peux rien et toi non plus. Cela t'arrivera du reste, un jour, de t'embarquer pour le grand départ et à moi aussi. Et aucun gémissement ne nous fera revenir. Alors ?

MATHIEU, *pensant à haute voix* — Cela doit quand même prendre un certain courage !

ÉRIC — Oui.

XAVIER — Un certain courage pour quoi ?

MATHIEU — Pour mourir de cette façon-là !

ÉRIC — Oui.

XAVIER, *faiblement, baissant la voix* — Moi, je pense le contraire. Je trouve cela plutôt assez lâche.

ÉRIC — Le courage prend toutes sortes de formes, Xavier. Même parfois celle de la lâcheté. J'ai vu des hommes agir comme des héros parce qu'ils avaient peur ; et j'en ai vu d'autres commettre de véritables bassesses parce qu'ils étaient courageux. Et puisque, tantôt, tu me reprochais mon cynisme — *(Avec ironie.)* ... pour ne pas dire mon manque de pureté intérieure — permets-moi de te faire observer que, présentement, « ta grandeur d'âme » ne m'édifie vraiment pas beaucoup. Je préfère aller au théâtre, ce soir, pour y voir s'exhiber une poule plutôt que de porter un seul jugement défavorable sur la dépouille mortelle de notre camarade, mon cher.

XAVIER — Je suis d'accord avec toi, Éric. J'ai dit une sottise.

ÉRIC — On en dit tous. L'important, c'est d'en faire le moins possible.

XAVIER — Éric... ?

ÉRIC — M-mm ?

XAVIER — Il y a quand même une petite question qui me trouble depuis un instant.

ÉRIC — Laquelle ?

XAVIER — À moi, tu n'as rien dit lorsque tu m'as appelé à la librairie. Tu m'as prié de venir ici après mon travail et c'est tout.

ÉRIC — Oui... ?

XAVIER — Pourquoi n'as-tu pas agi de la même façon avec Isabelle ?

ÉRIC — Je...

XAVIER — Pourquoi t'être montré moins délicat vis-à-vis d'elle et lui avoir appris brutalement la nouvelle au téléphone ?

ÉRIC, *sans broncher, sans sourciller* — Je ne lui ai rien appris du tout, Xavier. C'est toi qui as prétendu cela. J'aurais voulu agir avec elle comme j'ai agi avec toi et avec Mathieu. Malheureusement, je n'ai pas pu le faire.

XAVIER — Pourquoi donc ?

ÉRIC, *après un très léger silence* — Parce qu'elle était déjà au courant.

XAVIER, *abasourdi* — Ah !

ÉRIC — Eh oui !

XAVIER — Mais... mais alors, comment l'a-t-elle appris que Jean-Claude s'était... enfin, que Jean-Claude était mort ?

ÉRIC — Par pur hasard. Les nouvelles à la radio.

XAVIER — Ah !... Ça oui ; pour sûr, c'est un pur hasard. Parce qu'elle n'écoute jamais la radio.

ÉRIC — C'est malheureux qu'elle ait choisi cette heure-là pour le faire.

XAVIER — Pauvre Isabelle !

ÉRIC — Ouais !... Un coup au cœur, mon cher. Et un direct.

XAVIER, *regardant Mathieu* — Tu ne parles pas beaucoup, toi Mathieu.

MATHIEU — Je suis atterré. Que veux-tu que je dise !

XAVIER — Rien. Évidemment.

ÉRIC — Exactement, Xavier. Mathieu est plus sage que nous. Il n'y a rien à dire et il ne dit rien. Aussi nous devrions l'imiter et aller nous divertir un peu tous les trois. *(Il se dirige vers la porte qui ouvre sur sa chambre.)*

XAVIER, *ne lui donnant pas le temps de quitter la pièce* — Éric?

ÉRIC — Oui?

XAVIER — Comment se fait-il qu'Isabelle ne m'ait pas téléphoné elle-même à la librairie pour m'apprendre ce qui venait d'arriver?

ÉRIC — C'est parce que tu as la chance d'avoir épousé une femme intelligente. Tout simplement. Elle connaît mieux que personne ta petite nature sensible et elle sait que moi, au contraire, j'ai la tête froide et dure comme du marbre. Je ne m'évanouis pas parce que je vois du sang. Même si celui qui coule est celui d'un ami. Je reste bien ancré dans la terre ferme. Mes jambes ne tremblent pas et mon esprit ne vacille pas non plus. Aucune émotion ne m'ébranle, je suis un homme solide.

XAVIER — Tu es touchant de modestie, Éric.

ÉRIC — Je t'approuve; merci, c'est vrai. Car il faut être en effet très humble pour accepter avec le sourire le mépris et l'hostilité de ses contemporains. Je ne suis pas populaire et cela m'est pourtant égal. On me considère comme une bête noire — tu le sais — parce que je me suis élevé au-dessus des peines et des joies quotidiennes, et des espérances de demain. En ce monde, je ne veux être qu'un passant. Comme le sont, d'ailleurs, tous les autres. Mais, moi, je n'arrive pas à prendre mon passage au sérieux. Et cela en embête plusieurs qui se croient nés pour livrer un message. Et, comme c'est le cas d'à peu près tous mes semblables de se prendre pour des sauveurs d'hommes, dans un sens ou dans l'autre, mon petit sourire hautain et mon sourcil relevé gênent leurs prétentions, parfois leurs intérêts, souvent leurs fausses vertus et, toujours, leur conscience. C'est pour cette raison-là qu'Isabelle ne t'a pas téléphoné, Xavier. Elle m'a atteint au journal pour me demander d'avoir la gentillesse de t'informer moi-même de la nouvelle. Parce qu'elle savait que, moi, je te dirais tout bêtement la vérité sans la perler de larmes et sans y ajouter de dorures célestes. Elle m'entendait te dire : « Jean-Claude s'est suicidé, mon cher Xavier. Vers les trois heures, cet après-midi. Pourquoi ? parce que ça le regardait. C'est inutile de discuter le coup. Il est mort. C'est bien triste, mais on n'y peut rien. Pensons-y donc parfois, mais ne nous attendrissons jamais sur sa personne ensevelie. Il n'a aucune chance d'être canonisé un jour : on ne canonise pas les suicidés. Donc, il n'appartiendra jamais au monde des revenants. Il est parti et ne réapparaîtra à personne. Tant mieux pour lui : il en a fini pour de bon avec la terre. Et nous, en attendant le bout du voyage, soyons raisonnables et essayons de faire comme lui : dormons tranquilles. » ... Isabelle savait que je te parlerais ainsi. Et c'est ce qu'elle voulait. Parce que les plus nobles chagrins ne ressuscitent pas les morts. Et elle désirait que le soir ne tombe pas sur nos vies parce que Jean-Claude venait de disparaître en plein soleil. Voilà. Demain, il fera beau peut-être ; pourquoi nous faudrait-il pleurer ? Parce qu'il est disparu ?

XAVIER, *la mort dans l'âme* — Tais-toi, Éric, tais-toi !

ÉRIC — Demain, il fera beau et « nous serons disparus », Xavier.

MATHIEU — Pauvre Jean-Claude !

ÉRIC — Et puis, Isabelle connaissait notre amitié profonde pour Jean-Claude. Elle a voulu nous laisser seuls tous les trois.

XAVIER — Mais Isabelle aussi, elle lui était très attachée! Tout autant que nous. Je ne voudrais pas vous insulter, ni vous faire de la peine, mais je crois même qu'elle avait un petit faible pour lui. Il était si doux. Sans défense. Un jeune faon. Son «Bambi!» comme elle l'appelait. Je ne comprends vraiment pas pourquoi elle n'a pas plutôt préféré que nous soyons tous les «quatre» ensemble pour parler de lui.

ÉRIC — Simple délicatesse. Isabelle est un chic copain. Elle s'est dit qu'entre hommes nous pourrions sans doute nous rappeler des souvenirs plus intimes.

XAVIER — Oui. Évidemment.

ÉRIC — Et puis, mon cher Xavier, il y a encore des femmes qui ont la pudeur de leurs larmes. Isabelle est de cette race-là. Non: pas de crise devant toi; devant nous! Elle a voulu se ressaisir, se calmer. Être maîtresse d'elle-même lorsque tu rentrerais.

XAVIER — Tu as raison, Éric. J'y pense et c'est vrai. Je n'ai jamais vu Isabelle pleurer. Je crois même ne l'avoir jamais entendue se plaindre.

ÉRIC — Isabelle est la perle des femmes, Xavier. Tu as de la veine. *(Allant chercher la bouteille de fine champagne.)* Nous prenons un dernier cognac avant de sortir?

XAVIER — Non, merci. Pas pour moi. Je rentre.

ÉRIC, *comme s'il avait mal compris* — Pardon?

MATHIEU, *vivement, pâlissant, la voix déjà éteinte* — Comment! tu ne restes pas avec nous?

XAVIER — Non. Je ne veux pas laisser Isabelle seule plus longtemps.

MATHIEU — Mais puisque c'est son propre désir de...

XAVIER, *l'interrompant* — Rien à faire. Je rentre chez moi; c'est inutile d'insister. Elle a eu tout l'après-midi pour reprendre possession d'elle-même. Je ne veux pas la laisser seule, ce soir.

MATHIEU, *bafouillant presque* — Eh bien... eh bien, sache que c'est idiot!

XAVIER — Ah oui?

MATHIEU — Oui! Après ce qu'Éric vient de te dire, c'est... c'est absolument idiot!

XAVIER — Décidément, vous êtes drôles, tous les deux. Vous ne trouvez pas cela plus normal que, vu les circonstances, je veuille aller retrouver Isabelle? Et au plus vite?... Jean-Claude, elle l'adorait. Encore une fois, je ne veux pas vous blesser, mais elle avait pour lui un attachement tout particulier. Vous le savez d'ailleurs aussi bien que moi; elle l'adorait, Jean-Claude! Tantôt il l'amusait, tantôt il l'attendrissait. Il l'agaçait parfois; l'énervait même. Souvent, elle aurait voulu pouvoir le battre. Et puis, non, elle finissait par tout lui pardonner. Sa nonchalance, sa mollesse de caractère, son indifférence un peu lâche, ses révoltes de petit dieu déchu! Ses travers? Ses défauts? J'irais jusqu'à prétendre qu'ils lui étaient presque chers. Presque plus chers que ses qualités. Elle ne les prenait pas au sérieux. C'est tout. Pas plus que l'on ne prend au sérieux les caprices d'un enfant. C'est ça. On fait la grosse voix, les gros yeux, oui; mais le cœur ne cesse pas de sourire. Jean-Claude? Isabelle l'aimait précisément comme on aime un enfant. Voilà. C'en était un, du reste. Un grand enfant. Il vient de le prouver. Et, au moment où je vous dis tout cela, elle est seule à la maison; personne n'est auprès d'elle pour essayer d'adoucir un peu sa peine. Et vous ne trouvez pas tout naturel que ma place soit à ses côtés et non aux vôtres?... Messieurs, je vous salue; moi, je ne vois pas ce que je fais ici. *(Et il se dirige vers la baie de la salle de séjour qui donne sur le couloir.)*

ÉRIC, *avant que Xavier ne sorte de scène* — Xavier?

XAVIER, *se retournant vers lui, impatient* — Quoi, Éric ?

ÉRIC — Je t'approuve. Je change d'idée ; je me suis trompé. Tu as tout à fait raison. Appelle une voiture, Mathieu ; nous allons sauter dans un taxi.

MATHIEU, *blanc, ciré* — Alors...

ÉRIC, *l'interrompant sèchement* — Alors, nous allons chez Xavier, nous aussi.

MATHIEU, *de plus en plus mal à l'aise* — Mais, Éric...

ÉRIC, *l'interrompant encore une fois* — À moins que cela ne t'ennuie, évidemment. C'est tout à fait juste, Mathieu. Je te félicite. Au moins, toi, tu ne perds pas la tête. En effet, tu préférerais peut-être te retrouver seul avec Isabelle, Xavier ?

XAVIER, *souriant* — Ne fais pas comme moi tout à l'heure : ne dis pas de sottises, Éric. Si c'est ce que Mathieu pensait, Mathieu est un crétin. Loin de m'ennuyer, j'aime mieux ça. Nous serons toujours quatre ; le vide sera moins grand.

ÉRIC — Prenons tout de même le temps d'avaler un dernier cognac avant de partir. Cela aide parfois à avoir du cran et il se peut, justement, que tu en aies besoin.

XAVIER — Non, merci. Vraiment rien pour moi. Tu me connais : l'alcool me monte tout de suite à la tête.

MATHIEU — Moi, je ne refuse pas, Éric.

ÉRIC — Appelle une voiture pendant que je te sers.

D'un pas lourd, Mathieu se rend jusqu'à la table de travail d'Éric sur laquelle se trouve placé le téléphone. Il décroche le combiné et compose un numéro.

ÉRIC — Tu as quelque chose à boire chez toi ?

43

XAVIER, *il était pensif* — C'est à moi que tu parles?

ÉRIC — Naturellement. Puisque c'est chez toi que nous allons. Je te demande si tu as quelque chose à boire à la maison?

XAVIER — Heu... non, je ne crois pas. Un fond de chianti peut-être.

ÉRIC — Alors, nous nous arrêterons en chemin pour acheter une couple de bouteilles.

XAVIER — À propos, Éric... heu... est-ce qu'il avait bu?

ÉRIC — Jean-Claude?

XAVIER — De qui d'autre veux-tu qu'il soit question?

ÉRIC — Aucune idée!... C'est bien possible.

MATHIEU, *replaçant le combiné* — Pas de chance, les vieux! La ligne est occupée.

XAVIER — « Pas de chance! »... Pourtant, ce n'est pas cela qui lui manquait à Jean-Claude: la chance! Bien au contraire. Même s'il était d'une santé plutôt fragile, il avait belle et grande allure. C'était le « Musset » de toutes ces dames!

ÉRIC, *se rendant jusqu'à Mathieu pour lui apporter son verre de cognac* — Ta comparaison n'est pas des mieux choisies parce que...

MATHIEU — Merci.

ÉRIC — De rien.

XAVIER — Non, c'est vrai. Parce qu'il n'aimait pas beaucoup les femmes, en effet. Par contre, s'il l'avait voulu, toutes les nuits, il aurait pu en avoir une nouvelle dans son lit. Et, cependant, je ne lui ai connu aucune aventure.

ÉRIC — Moi non plus.

MATHIEU — Et, moi, pas davantage!

XAVIER — C'est bizarre, ça!

ÉRIC — Essaie de nouveau, Mathieu.

MATHIEU — Bon! *(Et il le fait mais il n'aura pas plus de succès que la fois précédente.)*

XAVIER, *de plus en plus obsédé* — Aucune aventure, non! Sauf avec cette petite rousse sémillante qu'il nous avait emmenée cinq ou six fois à la maison, il y a environ trois ou quatre mois. Comment s'appelait-elle déjà? *(Éric hausse les épaules pour signifier qu'il ne se rappelle pas son nom.)* ... Moi non plus, je ne m'en souviens pas!... Mais je ne crois pas qu'elle eût été sa maîtresse. Alors, ce ne fut même pas une aventure. Elle, j'ai eu l'impression qu'elle l'aimait véritablement. Et, pendant un certain temps, j'ai cru que, lui aussi, il en était devenu réellement amoureux. Il en parlait souvent et avec beaucoup de passion. Même que cela faisait parfois rougir Isabelle. Et Dieu sait pourtant qu'elle ne se scandalise pas facilement. Les mots ne l'ont jamais effrayée. Les histoires les plus piquantes, les plus osées, la font plutôt rire. Mais non, ça n'a pas duré. À peine quelques semaines. Et puis, on ne l'a plus revue; il n'en a plus reparlé. C'est étrange, ça, tu ne trouves pas, Éric, que les femmes aient toujours semblé le laisser indifférent alors qu'il exerçait tant de charme sur elles? *(Éric a l'air perdu et ne répond pas.)* Tu m'écoutes, Éric?

ÉRIC *a un très léger sursaut hypocrite, car il entendait tout* — Hein?

XAVIER, *poursuivant le fil de sa pensée* — Et sans avoir des millions, il était tout de même assez fortuné. Un petit héritage de famille suffisamment rondelet pour lui permettre de ne pas travailler, ce n'était certainement pas une raison pour lui enlever le goût de vivre: vous l'avouerez! Alors, bon sang! non, je ne vois décidément pas pourquoi il s'est suicidé!

MATHIEU, *devenant nerveux, impatient; tout près d'éclater* — Mais enfin! qu'est-ce ça te donnerait

45

de l'apprendre? Cesse de nous rompre les oreilles avec cette question-là, je t'en prie.

ÉRIC — D'ailleurs, il s'est probablement supprimé sans trop savoir lui-même pourquoi il le faisait! *(Xavier le regarde.)* Essaie encore une fois, Mathieu.

MATHIEU — Par cette sale température, j'ai bien peur que... *(Et, de nouveau, il composera en vain le même numéro de téléphone.)*

XAVIER, *dès que Mathieu aura composé un ou deux chiffres* — Regarde-moi, Éric, et ne me mens pas. Je connais tes sourcils, ton regard, ton sourire, et chacune de tes expressions. Oui, je le connais bien ton petit air qui n'a l'air de rien et ton petit air qui a l'air de tout. Eh bien!, je ne sais pas, mais, ce soir, je ne te trouve pas l'air naturel. C'est ça. Exactement. Tu n'as pas l'air naturel que je te connais et qui est vrai, et que les autres, en général, prennent pour un air surfait et artificiel. Ce soir, voilà: tu as vraiment l'air faux, et emprunté, et contrefait. Pourquoi, Éric? Qu'est-ce qu'il y a?

ÉRIC — Il y a que Jean-Claude est mort et c'est tout.

XAVIER — Tu es certain que c'est tout?

ÉRIC — Oui.

XAVIER — Tu es certain que tu ne la connais pas, toi, la vérité?

ÉRIC — Quelle vérité?

XAVIER — Tu es certain que tu ne le sais pas, toi, pourquoi il s'est suicidé, Jean-Claude?

ÉRIC, *après une très légère pause* — Je ne suis certain que d'une chose, Xavier. Et je ne vais pas la chercher très loin. Ce soir, par exemple, c'est au Paris que je pourrais aller m'en convaincre si j'en doutais encore. C'est là que, présentement, Suzy Presle y montre avec coquetterie et plaisir ses jambes et sa gorge. Et l'on raconte aussi qu'elle cache fort peu le reste. Eh bien, cette jeune femme — ou plutôt ce qu'elle représente pour moi, ce qu'elle m'inspire, — c'est la seule vérité que je tienne pour acquise. C'est d'ailleurs le titre de la pièce dans laquelle elle joue : *La vérité toute nue*, En se déshabillant sur scène, Suzy Presle le justifie. Car il n'y en a qu'une vérité toute nue, mon cher, et c'est celle-là.

XAVIER, *triste et un peu dégoûté* — Alors même que Jean-Claude n'est plus, c'est tout ce que tu trouves à répondre. Tu restes tel que tu es. Insensible et cynique. Jean-Claude vient de s'enlever la vie et cela ne t'empêche pas de badiner ; de dire des grivoiseries presque avec élégance et sur un ton léger.

ÉRIC — Non, tu te trompes. Je suis très sérieux. Si je le suis avec légèreté, c'est que je n'ai jamais pu prendre au sérieux, justement, ceux qui voulaient à tout prix avoir l'air de l'être. Que tu le veuilles ou non, Xavier, crois-moi, toutes les autres vérités se dissimulent derrière des mensonges. Ou des compromis, si tu préfères. Tandis que, celle-là, cette vérité de la femme qui consent avec grâce et sans fausse pudeur à se découvrir devant nous, peu à peu, lentement, pour notre plus grande joie et notre extase suprême, tu admettras qu'elle est, du moins pour un instant, complète, visible, palpable ; oh ! presque absolue. Jamais elle ne se refuse à personne. Ni le jour, ni la nuit. Elle ne garde pour elle aucun de ses fruits capiteux et elle s'offre, se donne, se livre, tout entière, au désespoir de nos caresses et à la volupté hagarde de nos regards. Aussi est-ce la seule vérité que je connaisse et que je reconnaisse comme étant la seule vraie : la vérité de la chair, Xavier.

XAVIER, *après un léger silence* — En somme, tu ne m'as pas répondu !

ÉRIC, *sur un petit ton faussement ingénu* — Ne m'as-tu pas demandé ce que je pensais de la vérité?

XAVIER — Non.

ÉRIC — Ah!

XAVIER — Présentement, je m'en fiche pas mal des théories que tu peux avoir sur ce qu'il y a de vrai et de faux dans la vie. Jean-Claude s'est tué et je voudrais bien savoir pourquoi. C'est tout ce qui me préoccupe. Et je ne suis pas encore certain que, toi, tu ne la connaisses pas la raison de son suicide. Je suis même de plus en plus persuadé du contraire. Si, véritablement, tu ne peux pas t'expliquer son geste et qu'il te pose le même point d'interrogation qu'à moi-même, pourquoi avoir pris tant de détours pour me répondre? C'eût été si simple de me répliquer tout bonnement: « Pourquoi Jean-Claude s'est tué? Je l'ignore autant que toi, Xavier. »

ÉRIC, *froidement et même assez sèchement* — Pardon, mon cher. Tu viens de recevoir un coup de marteau sur la tête, je l'admets. Donc, je veux bien comprendre que tu divagues un peu, c'est naturel. Mais, au moins, sois assez juste pour le reconnaître et fais également un effort pour entendre tout ce que l'on te dit et pas uniquement ce qui peut nourrir ta petite imagination fiévreuse et déréglée. Mes détours? Tu peux « te » les reprocher, Xavier. Tu aurais préféré une réponse plus directe, dis-tu? Veuille donc ne pas oublier la première que je t'ai faite. Tu m'as demandé pourquoi j'avais l'air un peu étrange de te l'apprendre de façon très nette et très précise; même très laconique. « Jean-Claude est mort, Xavier, et c'est tout ce que j'ai. » Voilà ce que je t'ai dit. Alors, tu as insisté: « Tu es certain que c'est tout? » J'ai répondu: « Oui ». Plutôt que de me croire, tu as voulu pousser plus loin encore ta curiosité morbide et...

XAVIER, *tourmenté, l'interrompt* — Oui, oui... c'est vrai, c'est vrai!

ÉRIC — Ah! bon, j'aime mieux ça!

XAVIER — C'est vrai. Seulement...

ÉRIC — « Seulement » quoi?

XAVIER — Seulement, le silence de Mathieu m'étonne aussi beaucoup.

MATHIEU — Mais...

XAVIER — Depuis que je suis là, tu n'as — pour ainsi dire — pas ouvert la bouche.

MATHIEU — Mais je te répète la même chose que tantôt, Xavier: que veux-tu que je dise?

ÉRIC — Oui, Xavier, qu'est-ce que tu voudrais qu'il dise? Qu'est-ce que tu voudrais qu'il ajoute? Qu'il invente pour te faire plaisir? Hein? Quoi?

XAVIER, *très calme* — Je... je ne sais pas.

ÉRIC — Lui non plus, figure-toi. Et, moi, pas davantage.

XAVIER, *toujours posément* — J'aurais trouvé cela plus normal de l'entendre rugir, par exemple. De l'entendre... heu... *(Souriant.)*... « sacrer », tiens! C'est vrai, ça. Il n'a pas proféré un seul juron depuis mon arrivée. C'est assez surprenant. Parce que, quand il n'est pas content, Mathieu, ... il jure habituellement. Il blasphème sur tous les tons, n'est-ce pas? ... Et tu n'es certainement pas très content du geste de Jean-Claude. N'est-ce pas, Mathieu?

MATHIEU, *très simplement, essayant même de sourire un peu au début de sa réplique* — Ce que tu dis est tout à fait juste, Xavier. Je ne suis pas content du tout. Mais je ne rage pas non plus et c'est assez anormal de ma part. D'accord. Non, je ne rage pas. Je suis même incapable de la plus petite colère en ce moment. Parce que, petites ou grandes, elles ne sont jamais sérieuses, mes colères. Pour cette

49

bonne raison que je les fais toujours pour des motifs qui ne sont jamais très sérieux non plus. Là, c'est différent. C'est... c'est très sérieux ce que Jean-Claude a fait. Très grave. Aussi, je n'ai pas le goût de crier, de tempêter. Je suis infiniment triste, vois-tu. Et... et j'aurais plutôt le goût de me laisser aller à pleurer. Mais... comme je suis un homme, ... eh bien, je préfère rester sage et me taire. Tout simplement. Ce n'est pas dans ma nature, c'est exact. Tu as raison. De ma part, non, ce n'est pas une réaction normale. Tu ne te trompes pas. Mais, toi, Xavier, ... l'es-tu « normal », présentement? ... Non. Et Éric non plus ne l'est pas. Il parle, il parle, il parle beaucoup, ce soir, alors que, d'habitude, il ne dit presque jamais rien. C'est lui le muet. Et toi qui, normalement, ne poses jamais de questions, voilà que tu en as la tête toute pleine et que tu n'arrêtes plus de demander et ceci, et cela, et pourquoi donc, et pourquoi ça! Et moi qui suis, à l'ordinaire, un moulin à paroles, à ton grand étonnement, je me réfugie dans le silence. Vraiment, Xavier, tu devrais comprendre que, vu les circonstances, notre façon d'agir anormale à tous les trois est tout à fait normale.

XAVIER, *après un léger silence* — C'est vrai... c'est encore vrai. Vous avez raison tous les deux. Le fait est que, moi-même, je me sens tout autre depuis que je sais. Il me semble que je n'ai plus les pieds sur terre.

ÉRIC — C'est que, pour une fois, tu les as peut-être, justement. Mais puisque tu veux tellement le savoir pourquoi Jean-Claude s'est suicidé, une réponse devrait te satisfaire, Xavier. La seule, d'ailleurs, qui puisse expliquer son geste. *(Mathieu et Xavier le regardent, tous les deux, un peu étonnés.)* C'est parce qu'il était fou. Car on ne se tue pas quand on est sain d'esprit. Il l'a certainement fait dans un moment de folie. C'est tout. Que cela te suffise; le reste importe peu. Et, là-dessus, je vous prie de m'excuser. Le temps de retirer ce veston et d'en passer un autre. Rappelle donc, Mathieu. Je suis à vous dans deux minutes. *(Et il quitte le salon pour entrer dans sa chambre.)*

MATHIEU, *une fois qu'Éric est sorti de scène* — Oui, tu le trouves très dur et très cynique; mais permets-moi de différer d'avis. Moi, je le sais plutôt magnifique de sang-froid. Le flegme n'est pas nécessairement un signe d'indifférence, Xavier. Pour en arriver à contrôler aussi parfaitement ses émotions, il faut, en général, qu'un homme souffre beaucoup et très profondément. J'admire Éric. *(Il décroche le combiné du téléphone.)*

XAVIER — Laisse. C'est inutile. *(Et il se dirige vers la baie de la salle de séjour.)*

MATHIEU — Qu'est-ce que tu fais?

XAVIER — Ce sera plus facile d'en arrêter un dans la rue. *(Et il s'engage dans le couloir qui conduit au vestibule.)*

MATHIEU — Heu... oui, peut-être! *(Il raccroche le combiné. Puis, seul en scène, il murmure...)* Quelle affaire, quelle affaire! *(Il avale une gorgée de son cognac.)* Comment diable, Isabelle!... Nom de Dieu! Dans quel bordel allons-nous nous retrouver!

Xavier revient. Il a rapidement jeté son foulard sur ses épaules et endosse son imperméable.

XAVIER, *fébrile, très nerveux* — Ah! de la brume, mon vieux, de la brume! Je suis complètement perdu; je n'arrive pas du tout à comprendre.

MATHIEU — Nous non plus!

XAVIER — Pendant qu'Éric s'habille, tu viens avec moi?

MATHIEU — Heu... bon. Très bien. (*Il vide d'abord son verre de cognac et va prendre son manteau là où il l'a déposé en arrivant chez le journaliste.*)

XAVIER, *fiévreux, obsédé* — Et je voudrais savoir!

MATHIEU — Nous aussi, nous aimerions bien sa...

XAVIER, *l'interrompant* — Et je saurai, Mathieu. Je saurai.

MATHIEU — Décidément, tu as la tête dure!

XAVIER — Mais enfin, bon sang de bon sang! On ne se tue pas comme ça, pour rien?... Et l'on ne devient pas subitement fou non plus sans y être amené par quelque désespoir? Or, je ne lui en connaissais aucun.

MATHIEU — Ce qui ne veut pas nécessairement dire qu'aucun ne le rongeait.

XAVIER — Exactement. Même mauvaise, il devait donc avoir une raison pour se flamber la cervelle. Et j'ai beau chercher, je ne vois pas laquelle. (*Il y pense subitement.*) À propos, c'est ça qu'il a fait?

MATHIEU — Mm-mmm!... Une balle dans la tempe.

XAVIER, *son visage se crispe* — C'est absurde, absurde!

MATHIEU — Mm-mmm!

XAVIER — Mathieu?

MATHIEU — Oui?

XAVIER, *les yeux fermés* — Il y avait un secret dans la vie de Jean-Claude!

MATHIEU, *très simplement* — Tu ne dis rien de neuf, Xavier. Chaque vie a le sien.

XAVIER — Pour motiver son égarement, il n'y a que cela de logique. Oui. Jean-Claude nous cachait quelque chose.

MATHIEU — Peut-être! Pourquoi pas, après tout?

XAVIER — Quelque chose de grave. De vraiment très grave.

MATHIEU — C'est bien possible.

XAVIER, *ouvrant les yeux* — Une maladie, tiens? Une maladie incurable, disons! Mais oui, Mathieu; ça, c'est tout simple et ça n'est pas si bête! Penses-y un peu; il n'était pas très robuste, Jean-Claude!

MATHIEU — Heu... non. En effet.

XAVIER — Mais oui, mais oui! Maintenant que l'idée me frappe, je suis loin de la trouver idiote. Même que plus je m'arrête à y réfléchir, plus la supposition me paraît être bonne! ... Pourquoi ne lui aurait-on pas appris qu'il souffrait du cancer, par exemple? Que son cas était désespéré? Qu'il n'avait aucune chance de guérir? Qu'est-ce que tu en dis, toi?

MATHIEU — C'est une hypothèse qui n'est pas du tout sotte, Xavier. Et je commence à croire réellement que tu viens peut-être de mettre le doigt sur la plaie, sais-tu!

XAVIER — Alors, plutôt que de traîner pendant des mois et des mois... oui, c'est ça, c'est bien ça!... plutôt que d'avoir à endurer le martyre des dernières douleurs, il a préféré en finir tout de suite avec la vie. C'est tout. ... C'est tout et c'est incroyable, Mathieu, mais je suis presque persuadé de ne pas me tromper. Et... pour savoir la vérité, d'ailleurs, je n'ai qu'à appeler son médecin.

MATHIEU — Quelle satisfaction en retireras-tu? Ou bien son docteur attestera le fait et que tu saches enfin pourquoi Jean-Claude s'est suicidé ne le rappellera pas à la vie; ou alors, au contraire, il t'apprendra que sa santé n'était pas moins brillante que la nôtre et tu continueras à te torturer l'esprit inutilement. Crois-moi, mon vieux, il est parfois plus sage de ne pas trop chercher à vouloir tout comprendre. On dédaigne trop souvent les fruits de l'ignorance.

Éric sort de sa chambre. Sa tenue est impeccable. Pochette à son veston.

ÉRIC, *les voyant habillés pour sortir* — Ah!... je vois que, finalement, tu as réussi à avoir un taxi, Mathieu?

XAVIER — Non, Éric. Le temps est trop mauvais. Nous pouvons rester là une heure avant d'y parvenir. Et j'ai horreur de savoir Isabelle toute seule. Nous avons plus de chance d'en stopper un dans la rue.

ÉRIC, *se dirigeant vers sa table de travail* — Tu as raison, Xavier. Allez-y, je vous rejoins tout de suite.

XAVIER, *étonné* — Comment! tu n'es pas prêt?

ÉRIC *va décrocher le combiné du téléphone* — Oui, oui, je le suis. Un coup de téléphone à donner au journal et j'irai me faire tremper comme vous avec plaisir.

MATHIEU, *après une très légère hésitation, comprend tout de suite l'intention d'Éric* — Heu... allez, viens, mon vieux.

XAVIER, *pendant qu'Éric compose un numéro* — On peut bien l'attendre.

ÉRIC, *souriant* — Pas d'objection. C'est un coup de fil qui n'a rien de personnel.

XAVIER *ne sait pas au juste si, par hasard, la réplique d'Éric ne serait pas une suggestion discrète de lui laisser la place libre* — Heu...

MATHIEU, *entraînant Xavier* — Allez, allez, viens, Xavier. Puisque tu es si pressé de retrouver Isabelle, aussi bien essayer d'en attraper un au plus vite.

XAVIER, *se retournant vers Éric avant de sortir* — Ne t'endors surtout pas à l'appareil, hein, Éric?

ÉRIC, *souriant toujours* — Non, non. Non, non.

XAVIER — Les journalistes et le téléphone, je connais ça!

ÉRIC — Allô, Huguette?

Xavier hausse les épaules et sort de scène avec Mathieu, Éric décolle alors un peu le combiné de son oreille et jette un regard du côté du couloir. Un temps de deux ou trois secondes. On entend la porte d'entrée s'ouvrir et se refermer.

ÉRIC *raccroche vivement le combiné et soupire* — Ouf!... (*De nouveau, il décroche et compose nerveusement un autre numéro. Tout en le faisant...*) Aussi quelle idée avait-il de se suicider, cet idiot-là! ... On peut se flamber la cervelle pour n'importe quoi, mais pas pour une femme!

Lorsqu'il aura composé le dernier chiffre au cadran: coup de tonnerre. L'auteur n'indique les réponses d'Isabelle entre parenthèses dans la conversation qui suit que pour aider l'interprète. Il n'est nullement question ici d'avoir recours à un effet technique qui permettrait aux spectateurs d'entendre, par exemple, la voix filtrée d'Isabelle. Le metteur en scène qui serait tenté d'utiliser ce procédé prouverait son manque de goût, d'instinct et d'imagination.

Allô, Isabelle? (Éric?) Oui, c'est moi. Comment es-tu? (Folle, Éric, folle.) Ce n'est pas le moment d'être folle. Au contraire, il faut absolument que tu te ressaisisses. Et vite! Car nous arrivons tous les trois. (Quoi?) Tu m'as bien compris. Je ne peux pas non plus te parler longtemps parce que Xavier est impatient de venir te retrouver. Il est dehors, sous la pluie, avec Mathieu. Ils essaient d'arrêter un taxi. Est-ce que tu crois pouvoir... (Non, pas maintenant. Je ne pourrai pas me maîtriser. Il n'aura qu'à me regarder pour tout comprendre.) Alors, file Isabelle, file! Et rapidement. (C'est atroce, Éric, c'est atroce!) Oui, c'est atroce: je n'ai pas de mal à te croire. Mais ce le sera davantage si Xavier apprend tout. Sois donc brave, sois bonne fille et fais ce que je dis. Va n'importe où. Chez une amie, au cinéma, où tu voudras. Pourquoi ne pas te réfugier dans une église, tiens! Lorsqu'elles sont vides, c'est le moment idéal pour y mettre les pieds. (Je ne suis pas habillée.) Habille-toi donc en hâte et déguerpis sans tarder. Et là où tu seras, reprends tes sens, je t'en supplie. Essaie aussi de nous revenir au plus tôt. Avant minuit, si possible. Pas plus tard, je t'en prie. Tu m'entends? Il le faut. Il le faut parce que...

La porte d'entrée s'ouvre et se referme. Alors, sans bouger, Éric enchaîne vivement sur un ton autoritaire.

Non, non, non, non! Je veux que mon article passe intégralement ou qu'il ne passe pas du tout. C'est mon dernier mot. *(Et il raccroche.)*

Mathieu a fait son entrée dans la pièce. Son chapeau, son paletot court sont mouillés par la pluie.

MATHIEU, *dès qu'Éric raccrochera* — Ce n'est que moi, Éric.

ÉRIC — Déjà?

MATHIEU — Que veux-tu! pas de veine, mon vieux. On en a eu un tout de suite. Je viens te chercher; Xavier nous attend dans la voiture.

ÉRIC, *légère pause* — C'est fait, Mathieu.

MATHIEU — C'est bien à Isabelle que tu parlais?

ÉRIC — Mm-mmm!

MATHIEU — Et alors?

ÉRIC — Elle ne sera pas là lorsque nous arriverons.

Il remplit deux petits verres de cognac.

MATHIEU, *sidéré* — Elle ne sera pas...?

ÉRIC — Non. *(Il lui tend son verre.)*

MATHIEU — Merci.

ÉRIC — Elle n'a pas voulu rester. Elle est à bout de nerfs.

MATHIEU — Quelle affaire! Quelle affaire!

ÉRIC — Ouais!... À la tienne!

MATHIEU — À la tienne aussi, Éric! *(Ils trinquent et avalent d'un trait le contenu de leurs verres.)*

ÉRIC — Nous allons vers l'enfer; que ce soit avec le sourire, Mathieu!

MATHIEU — Qu'est-ce que... qu'est-ce que nous allons nous raconter?

ÉRIC, *après une très légère pause pendant laquelle il le regarde et, souriant* — Des mensonges, mon cher!

Coup de tonnerre.
Ils sortent de scène.
Noir.

RIDEAU

ACTE II

Le même soir. Une demi-heure plus tard. Le salon, chez Xavier.

À la librairie où il travaille, Xavier n'occupe peut-être pas un poste très lucratif. Cependant, il n'est pas non plus illogique ou exagéré de supposer qu'il puisse toucher un traitement fort convenable; suffisamment élevé pour le mettre non seulement à l'abri des soucis pécuniaires, mais pour lui procurer aussi une certaine indépendance matérielle. Il vit seul avec Isabelle et le couple n'a donné naissance à aucun enfant. Ce qui réduit d'autant ses obligations. Sa nature laisse difficilement présumer qu'il soit «l'homme des grandes folies», et son caractère modeste et tranquille porte plutôt à croire que ses désirs n'ont rien d'extravagant; que ses goûts ne dépassent pas la limite de ses moyens; que la modération semble être sa vertu. Xavier n'a qu'un seul amour: Isabelle, sa femme; il n'a qu'une seule passion: ses beaux, ses bons vieux livres. Aucune réplique du drame n'indique qu'Isabelle soit exigeante; et, vu la situation de notre personnage, il est permis d'en déduire qu'il peut, à frais réduits, se payer le luxe d'une imposante bibliothèque. Mathieu nous a appris qu'il fumait peu et qu'il buvait à peine. Il n'est pas joueur non plus; etc. Il est donc raisonnable d'en conclure que, sans être un homme riche, il a quelques économies. Xavier jouit d'un certain confort, d'une certaine aisance. Il n'habite pas un appartement. Il a pu s'acheter une petite maison datant d'une vingtaine, d'une trentaine d'années et située dans un quartier résidentiel de la ville.

Boiseries de beau chêne solide; grosses poutres aux plafonds; vitres plombées aux fenêtres; cheminée massive, lustres et appliques; mobilier approprié.

La pièce est imprégnée d'une chaude atmosphère, un peu vieillotte et pourtant très vivante. Tout, dans ce décor, doit respirer la personnalité de Xavier et aussi celle d'Isabelle.

Des livres, des livres, des livres partout. Ici et là, des magazines, des revues, des manuscrits, des journaux. Mais, par contre, le désordre est joli, charmant, si peu échevelé; Isabelle y a vu; elle y a mis la main. Elle y voit d'ailleurs constamment à ne rien déranger et à, cependant, tout ranger.

Un petit piano droit occupe un coin du salon. Des fleurs et des coussins. Un ou deux poufs. Suspendues aux murs, deux ou trois toiles originales. L'une de ces peintures représente le portrait d'Isabelle et Xavier l'a mise plus en évidence que les autres. Les bibelots qui garnissent les meubles, le manteau de la cheminée, sont d'un goût féminin. L'artiste décorateur du domicile familial, c'est Isabelle.

Sur une console ou sur un guéridon, une de ses photographies encadrée. Un très beau châle a été oublié sur le dossier du canapé. Un feu de braises va bientôt s'éteindre. Au fond, une partie du hall d'entrée doit être visible. On y découvre les pre-mières marches, le palier d'un escalier qui conduit au premier étage.

Dès l'ouverture du rideau, tout le décor est éclai-ré; de telle sorte que Xavier ne puisse pas soup-çonner l'absence d'Isabelle.

DÉNOUEMENT

XAVIER, ÉRIC, MATHIEU

La scène est vide. On entend la porte du vestibule s'ouvrir et se refermer. Xavier, Éric et Mathieu apparaissent dans le hall d'entrée. Xavier est moins trempé que les deux autres; il a son parapluie. Éric porte un «trench-coat» anglais. Il retirera son chapeau en entrant. Il tient un sac à la main.

XAVIER, *appelant* — Isabelle?... C'est idiot, ça, d'être entré avec mon parapluie. Je mouille tout le tapis. Isabelle me gronderait sûrement si elle me voyait!

MATHIEU — Donne. Je vais le mettre dans le vestibule.

XAVIER, *le lui donnant* — Merci. (*Et il appelle de nouveau.*) Isabelle?

Mathieu sort de scène. On l'entendra ouvrir la porte du vestibule.

XAVIER, *liant naturellement cette réplique à la précédente* — Accroche-toi, Éric. Tu sais où est le placard.

L'enfoncement est pratiqué dans le mur, près de l'escalier. Silencieux, Éric s'y rend et va y mettre son chapeau, y suspendre son «trench-coat». On entendra la porte du vestibule se refermer et Mathieu viendra retrouver Éric. Il se déshabillera lui aussi. Xavier jette maintenant un coup d'œil dans le salon.

XAVIER, *constatant qu'Isabelle n'y est pas* — Tiens!

Il se rend alors jusqu'à la cheminée, se penche, attise un peu les braises et ajoute une bûche.

XAVIER, *murmurant* — J'ai bien peur que ce soit inutile, mais enfin!

Il souffle sur les cendres pour ranimer le feu et se redresse en se frottant les mains. Éric et Mathieu entrent dans la pièce.

XAVIER — Isabelle est sans doute brisée. Elle a dû aller s'étendre.

ÉRIC, *allant déposer son sac sur un meuble* — Elle a bien fait; c'est intelligent de sa part.

XAVIER *garde toujours son chapeau sur la tête mais, tout en parlant, il enlève maintenant son imperméable* — Et c'eût été plus intelligent de la mienne de lui téléphoner pour lui laisser savoir que nous arrivions.

MATHIEU — Oui, en effet, tu as raison. Nous aurions pu la prévenir.

XAVIER — L'idée ne m'est pas venue.

MATHIEU — À moi non plus.

ÉRIC, *sortant du sac une bouteille de fine champagne* — C'est peut-être mieux ainsi. Laissons-la donc se reposer un peu.

XAVIER — Je vais tout de même monter voir si elle n'a besoin de rien.

ÉRIC — Si elle sommeille, tu vas l'éveiller.

XAVIER — Il vaut mieux qu'elle sache que nous sommes là.

ÉRIC — Pourquoi ça?

XAVIER — Au moins, elle ne se sentira plus seule.

ÉRIC — Ou bien elle dort, imbécile! et la solitude ne pèse pas lourd sur elle en ce moment; ou alors, si elle ne descend pas, c'est qu'elle préfère qu'on la laisse tranquille. Elle «voulait» rester seule. Ne l'oublie pas.

XAVIER, *après une légère pause* — Son «Bambi!»... Oui, c'est vrai qu'il avait le regard très doux, Jean-Claude! Et l'air tendre et inoffensif. Nostalgique et naïf... Un jeune faon! Elle l'avait vraiment bien baptisé. Fait assez rare à notre époque, c'était un homme gracieux. Un aristocrate égaré dans un troupeau de mufles!

MATHIEU, *se rendant à la cheminée. Les réflexions de Xavier le gênent* — Je crois que ton feu ne reprendra pas, Xavier.

XAVIER — Je sais. Aucune importance.

MATHIEU — Tu veux que je m'en occupe?

XAVIER, *se dirigeant vers le hall d'entrée pour aller suspendre son chapeau, son foulard et son imperméable dans le placard* — Si cela peut t'amuser! Bien qu'il fasse très chaud dans la maison, il me semble.

MATHIEU, *faiblement* — Oui, c'est juste. Il fait très, très chaud!

ÉRIC *écrase le sac de papier dans le creux de ses mains et vient le jeter dans la cheminée. Xavier a maintenant quitté la pièce. Baissant alors légèrement le ton de sa voix et, souriant...* — Ne t'ai-je pas dit que nous avions rendez-vous avec le diable,

Mathieu? Nous sommes déjà dans la bouilloire et la soirée ne fait que commencer. Nous allons être brûlés vifs et à petit feu, mon cher.

MATHIEU, *à voix basse* — J'y pense, Éric!

ÉRIC — À quoi donc?

MATHIEÚ — Si elle n'était pas partie? Après tout, elle y est peut-être dans sa chambre!

ÉRIC — N'y compte pas. Elle a pris le large.

MATHIEU — C'est malheureux!

ÉRIC — Ouais!

Mathieu retire alors son veston et le dépose sur un meuble. Éric allume une cigarette. Xavier revient.

XAVIER *s'arrête une seconde dans l'entrée du salon* — Mettez-vous à l'aise; je redescends tout de suite.

ÉRIC, *comme Xavier va s'éloigner, enchaîne vivement* — Xavier?

XAVIER — Quoi, Éric?

ÉRIC — Laisse-la donc dormir; ce serait plus sage.

MATHIEU — Mais oui; cela lui fait du bien.

XAVIER — Voyons, voyons, vous croyez franchement qu'elle puisse dormir après avoir appris une nouvelle aussi pénible? Si elle ne descend pas, c'est qu'elle ne nous a pas entendus arriver. Voilà tout.

MATHIEU — Elle peut vouloir se reposer. Ou même «désirer» ne pas nous voir. Comme te le disait Éric tout à l'heure, certaines femmes — fort heureusement — ont encore la pudeur de leurs larmes. Bien que nous soyons des amis, Isabelle préfère, sans doute, ne pas se montrer devant nous, le visage ravagé.

XAVIER, *souriant* — Peut-être! Mais, devant moi, c'est différent. Moi, je peux tout de même aller lui dire bonsoir; aller l'embrasser.

MATHIEU, *faiblement; il est à bout d'arguments pour le retenir au salon* — Oui... heu... au fond, je t'approuve. Tu fais bien. Mais...

ÉRIC, *sentant qu'il ne serait pas habile de persister à vouloir le convaincre de ne pas aller importuner Isabelle, interrompt Mathieu* — Alors, en même temps, embrasse-la pour nous.

XAVIER, *très doux, tristement* — Avec plaisir!

ÉRIC — Et n'insiste surtout pas pour qu'elle vienne nous retrouver si tu sens qu'elle n'en a pas le goût!

XAVIER — Naturellement! (*Il fait deux ou trois pas vers l'escalier, s'arrête, et revient de nouveau jusqu'à l'entrée du salon pour leur dire...*) Heu... je peux me tromper mais, moi, j'ai plutôt l'impression qu'elle va tenir à ce que nous soyons tous les quatre ensemble. Elle a témoigné à notre égard de beaucoup de délicatesse, mais puisque vous êtes là maintenant!... Tâchons donc de trouver un sujet de conversation qui nous fasse un peu oublier, n'est-ce pas?

MATHIEU, *bredouillant* — Mais oui... évidemment!

ÉRIC, *assez sèchement* — Ce sera plutôt difficile.

XAVIER — Enfin, essayons!

Cette fois, Xavier ne fait pas une fausse sortie. Il disparaît dans l'escalier du hall.

MATHIEU — C'est l'ouverture du bal!

ÉRIC, *soupirant* — Ouais! (*Et il va se placer devant la peinture qui représente le portrait d'Isabelle.*)

MATHIEU, *se massant les tempes d'une seule main, désespéré* — Ah! bordel! bordel! quelle affaire!

ÉRIC — Mm-mmm!

MATHIEU — Connerie! *(Il se frappe le front. Une fois seulement.)*

ÉRIC — Je constate pour la première fois que tu as raté ton coup, Mathieu.

MATHIEU *le regarde et s'aperçoit qu'il juge son œuvre d'un œil critique défavorable* — Isabelle?

ÉRIC — Mm-mmm!

MATHIEU — Tu as pourtant toujours prétendu que c'était une peinture assez remarquable?

ÉRIC — Je change d'avis.

MATHIEU — Pourquoi ça?

ÉRIC — Parce que tu as manqué de génie, tout simplement.

MATHIEU, *un peu vexé* — Ah oui!

ÉRIC — Ouais!

MATHIEU — Et cela t'a pris trois ans pour découvrir ça?

ÉRIC — Mm-mmm!

MATHIEU, *s'approchant d'Éric* — Quel défaut lui trouves-tu subitement?

ÉRIC — Ses lèvres.

MATHIEU — Quoi « ses lèvres? »

ÉRIC — Elles sont entrouvertes.

MATHIEU — Et alors? Quel mal y a-t-il à cela?

ÉRIC — Elles devraient être closes. Comme celles de la Joconde. Un grand peintre eût senti que, fatalement, un jour, Isabelle aurait le même sourire. Que sa beauté serait son secret. Et que c'est en restant muette que sa bouche nous parlerait.

Dans le hall d'entrée, on voit Xavier redescendre lentement les marches de l'escalier. Il est pâle, pensif; déjà plus tourmenté qu'au premier acte. Mathieu s'éloigne alors d'Éric. Sans mot dire, Xavier entre dans le salon.

ÉRIC — Qu'est-ce qu'il y a? Tu as bien l'air sombre?

XAVIER — C'est bizarre, ça!

ÉRIC — Quoi donc?

XAVIER — Isabelle n'est pas ici.

MATHIEU — Elle n'est pas là?

XAVIER — Non.

ÉRIC — Donc, elle est sortie. Et moi, je ne vois rien d'étrange à ce qu'elle soit allée prendre une bouffée d'air frais.

XAVIER — Il pleut à verse.

ÉRIC — Heu... oui; il pleut à verse. Et après? Il y a, dans la vie, des circonstances où une bonne douche seulement peut vous calmer les nerfs. D'ailleurs, moi-même j'aime beaucoup marcher sous la pluie. Elle a pu aller faire une petite promenade pour se laver le cœur. Se laver l'esprit. *(Et il retrouve son naturel.)* Elle te savait avec nous et elle était persuadée que nous allions passer toute la soirée ensemble. Elle n'avait donc pas à se tourmenter pour toi.

XAVIER — Isabelle ne sort jamais sans d'abord me le dire. Et, surtout, sans me laisser savoir où elle va. Que ce soit par plaisir ou par obligation — promenade ou rendez-vous — elle ne quitte jamais la maison sans me mettre au courant de ses allées et venues. Et... il n'y a pas de note sur le lit.

ÉRIC, *essayant de badiner* — Depuis quand es-tu jaloux, Xavier?

XAVIER — Ne dis pas d'idiotie. Je suis inquiet. C'est tout.

ÉRIC — Inquiet?

XAVIER — Oui. Inquiet.

ÉRIC — Mais pourquoi?

XAVIER, *le regardant droit dans les yeux* — Isabelle ne t'a-t-elle pas confié qu'elle avait le visage trop défait pour mettre le nez dehors, Éric? N'est-ce pas ce que tu m'as dit chez toi tout à l'heure?

ÉRIC — Oui, sûrement. *(Souriant.)* Mais sois tout de même sérieux, veux-tu? Pour un homme, la chose peut être plus difficile, même quasi impossible; mais, pour une femme, c'est à peine l'affaire d'une minute que de se composer un joli visage presque tout neuf et d'en effacer les traces de la fatigue et du chagrin.

MATHIEU, *sur un ton qui voudrait être nonchalant* — Mais oui, voyons!... Un peu d'éclat, de brillant aux cils, un trait de crayon légèrement hardi aux coins des yeux, du rouge aux lèvres... deux ou trois gouttes de parfum derrière les oreilles... une houpette à poudre et... et le tour est aussitôt joué!

XAVIER, *après une légère pause* — Je lui ai téléphoné avant de venir vous retrouver. Je vous l'ai dit.

ÉRIC — Et alors?

XAVIER — Et alors, si elle avait eu l'intention de sortir, elle m'en aurait touché un mot.

ÉRIC — Mais elle n'en avait peut-être pas l'intention au moment où elle t'a parlé!

XAVIER, *devenant un peu impatient* — Je te répète que quand cela lui arrive de s'absenter et qu'elle ne peut pas m'atteindre, me prévenir, elle me laisse toujours une petite note sur l'oreiller.

MATHIEU — Tu... tu avoueras qu'aujourd'hui... étant donné la catastrophe... elle a pu l'oublier!

XAVIER, *toujours pensif* — Oui... évidemment!

ÉRIC — Mais oui, très certainement! Et elle s'est montrée plus intelligente que nous. Tout simplement. Elle a probablement fait ce que nous aurions dû faire tous les trois.

XAVIER — Quoi donc?

ÉRIC — Mais aller se distraire, mon cher! Au théâtre, au cinéma, ou ailleurs; enfin! n'importe où, mais quelque part! Là où elle a cru qu'il lui serait plus facile d'engourdir ses pensées; là où nous devrions être nous-mêmes pour endormir nos cauchemars.

XAVIER — Je connais Isabelle. Non, elle n'a pas fait ça.

MATHIEU — Elle a... enfin... heu... je ne sais pas, moi!

XAVIER — Justement, moi non plus.

ÉRIC — Et pourquoi chercher? Tu le sauras quand elle rentrera où elle est allée. En l'attendant, on ferait mieux de prendre un verre. Voilà ce que je prétends, moi! *(Il décachète la bouteille de fine champagne qu'il a apportée.)*

MATHIEU — D'ailleurs, elle a pu... elle a pu éprouver le besoin de voir quelqu'un. Une amie, quoi!

XAVIER — Elle n'en a pas. Tu le sais aussi bien que moi. *(Il a un petit rire gentil en le disant.)* Isabelle a horreur des femmes. Elle ne peut pas les supporter. Ses seuls amis, c'était vous trois... Maintenant, ce sera vous deux!

ÉRIC — Je vais chercher un tire-bouchon.

Éric quitte le salon. Mathieu va ouvrir la bouche pour le retenir dans la pièce, mais non... il se ressaisit et, malheureux, il n'a plus qu'à attendre son retour avec anxiété.

XAVIER *a hésité avant de se confier* — Tu ne peux pas savoir ce que je ressens, Mathieu. Je ne sais pas ce que j'ai.

MATHIEU, *ne sachant que faire de son corps* — C'est pourtant simple à deviner. Tu as ce que nous avons tous. Le cœur serré. Le contraire, d'ailleurs, serait anormal. On ne reçoit pas en pleine poitrine un coup de massue pareil sans en éprouver, par la suite, un grand vide et une lassitude extrême.

70

XAVIER — Oui. J'ai un grand trou dans la tête, mais pas dans la poitrine, non, Mathieu! Je ne suis pas accablé. Au contraire. J'ai plutôt les nerfs en boule. *(Crispant ses mains sur sa poitrine.)* Il y a quelque chose qui gronde là-dedans. Et je n'arrive pas à m'expliquer ce que c'est. Une espèce de révolte qui monte, qui sévit. Une bataille intérieure qui se livre à propos de «je ne sais trop quoi»! J'ai un goût de fiel dans la bouche. Le tambour bat derrière mon front. Je suis de feu; je suis de grêle. Qu'est-ce que j'ai, Mathieu?

MATHIEU, *après un léger silence* — La fièvre!

XAVIER — Oui, c'est cela: j'ai la fièvre. Je brûle tout cru. Mais pourquoi?

MATHIEU — La disparition tragique d'un ami ne tempère pas le climat des sens, ni celui de l'esprit.

XAVIER — Tu as encore raison. J'ai, tout à coup, très chaud et, l'instant d'après, j'ai très froid. Tantôt, par exemple, je te disais que la maison me semblait confortable et, maintenant, elle me paraît être une glacière.

MATHIEU — Tu veux que je refasse un feu de cheminée? Celui-ci est éteint.

XAVIER, *comme Mathieu allait se diriger vers la cheminée* — Non, non, Mathieu. Ce serait inutile. Ce combat stupéfiant? C'est en moi qu'il se joue.

MATHIEU — C'est... ah! et puis, non!

XAVIER — Dis, dis! Allez, ne te gêne pas! Qu'est-ce que tu allais me demander?

MATHIEU — C'est l'absence d'Isabelle qui te tourne les sangs à ce point-là?

XAVIER, *après un léger silence* — Mathieu?

MATHIEU — Mm-mmm? Quoi donc?

XAVIER — Isabelle a oublié de me laisser une petite note.

MATHIEU — Ah! non, écoute, tu ne vas pas recommencer!

XAVIER, *crispé, tendu* — Attends, attends, attends!...
Isabelle a donc oublié de me laisser une petite note.
Bon!... Vu les circonstances, c'est admissible.
C'est tout à fait compréhensible et je le comprends
très bien. Quoique ce soit la première fois que cela lui arrive. Il y a trois ans, quand sa mère est
morte... deux ou trois jours après l'enterrement...
elle est partie comme ça, un bon soir, sans m'avoir
prévenu. Quand je suis rentré, elle n'y était pas.
Mais il y avait une petite note sur l'oreiller. Et,
pourtant, c'était sa mère.

MATHIEU — Une mère, tu avoueras, ce n'est pas...
enfin, c'est... heu... ce n'est qu'une mère. Tu
saisis?

XAVIER *ne fait que le regarder.*

*Éric revient alors avec un tire-bouchon à la main.
Il se rendra jusqu'au meuble où il aura laissé la
bouteille de fine champagne et la débouchera tout
en parlant.*

ÉRIC, *entrant dans la pièce* — Dis donc, tu les caches
tes tire-bouchons?

XAVIER — On ne s'en sert pas souvent.

ÉRIC — Enfin, j'ai pu trouver celui-là parmi les cuillères à soupe. Qu'est-ce que vous vous racontiez?

MATHIEU — Rien, rien. Rien de spécial.

XAVIER — Pardon, pardon. Je poursuis mon raisonnement, Mathieu. Ou plutôt, non, je le recom-
mence pour qu'Éric me suive bien.

ÉRIC — S'il est question de Jean-Claude...

XAVIER, *l'interrompant* — Non!... C'est d'Isabelle
qu'il est question. Je cherche à m'expliquer pourquoi elle n'est pas ici.

ÉRIC — Encore?

XAVIER — Oui, encore!

ÉRIC — Je ne t'avais jamais pris pour un tyran, ni pour un paranoïaque, mais si tu continues sur le sujet, je finirai par croire que tu lui en fais voir de toutes les couleurs lorsque tu te retrouves seul avec elle !

XAVIER — Isabelle a oublié de me laisser une petite note sur l'oreiller. Bon !

ÉRIC — Ah non ! Ah non ! Ah non ! tu en es encore à penser à ça ?

XAVIER — Non. Je pense à autre chose.

MATHIEU — Ah ?

XAVIER — Oui.

ÉRIC — Et à quoi donc ?

XAVIER — Elle a aussi oublié d'éteindre les lumières avant de partir. Quand nous sommes arrivés, tout était allumé dans la maison. L'entrée, la cuisine — je l'ai remarqué — le salon et même notre chambre. Je n'ai jamais vu tant d'éclairage ici quand il n'y avait personne.

ÉRIC — Lorsqu'un ami vient de plonger dans le noir, c'est assez normal qu'on ait soif de clarté.

XAVIER — Oui... sans doute. Tant qu'elle était ici, oui. Mais... puisqu'elle partait ?

ÉRIC — Oubli !

XAVIER — Cela en fait plusieurs.

ÉRIC — Deux seulement.

XAVIER — Non, trois.

MATHIEU, *étonné* — Trois ?

XAVIER — Oui, trois. Car elle a aussi oublié de fermer la porte à clef lorsqu'elle s'en est allée. Je n'ai pas eu à me servir de la mienne pour ouvrir.

ÉRIC, *très doux et très simple* — Tu ne crois pas, Xavier, que quand on vient tout juste de perdre un très grand ami parce qu'il s'est suicidé, on peut oublier bien des choses ? *(Et il fait sauter le bouchon de la bouteille.)* Va chercher des verres, Mathieu.

MATHIEU, *très heureux de quitter la pièce, mais s'efforçant de ne pas trop le laisser paraître...* — Mais oui, mais oui, tout de suite.

Et Mathieu sort du salon.

XAVIER, *indiquant d'un geste le châle oublié sur le dossier du canapé* — Et ce châle...

ÉRIC — Quoi « ce châle » ?

XAVIER — ... resté là sur le dossier du canapé...

ÉRIC — Oui? Et alors?

XAVIER — ...Isabelle ne laisse traîner aucun de ses effets. Jamais. Et surtout dans cette pièce.

ÉRIC — Je ne te savais pas l'esprit maladif, Xavier. Tu m'étonnes de plus en plus.

XAVIER — Donc, elle avait froid, elle aussi!

ÉRIC — Tu as froid?

XAVIER — ...Et elle a fait un feu de cheminée.

ÉRIC — Rien de plus naturel puisqu'elle voulait sans doute se réchauffer.

XAVIER — ...Mais elle est partie prendre une douche sous la pluie, Éric!

ÉRIC *devient tendu* — J'ai horreur des crises de nerfs, mon cher. Pourtant, si tu continues...

XAVIER, *l'interrompant* — Et nous ne quittons non plus jamais la maison tant que le feu n'est pas éteint dans la cheminée. Quand nous sommes arrivés...

ÉRIC, *c'est à son tour de l'interrompre et assez violemment* — Quand nous sommes arrivés, le feu était déjà mort. Ou presque. Il ne restait que quelques braises. Et encore! Et Isabelle venait peut-être tout juste de mettre le pied dehors. Alors, quoi? Qu'est-ce qu'il y a? Qu'est-ce qui te prend? Pourquoi deviens-tu subitement si tourmenté? De quoi es-tu tellement inquiet? Dis-le une fois pour toutes et qu'on n'en parle plus. Je commence vraiment à en avoir par-dessus la tête, moi, de tes divagations !

XAVIER, *tourmenté intérieurement, mais avec calme et simplicité* — De quoi je suis inquiet ?... Je ne saurais te le dire parce que je ne le sais pas au juste... De tout et de rien... Voilà. Je suis inquiet de ce que j'ignore... C'est ça !

ÉRIC, *se calmant* — Quoi ? Qu'est-ce que tu ignores ?

XAVIER — La raison pour laquelle Jean-Claude s'est suicidé. C'est tout. Mais j'ai l'impression que c'est énorme.

ÉRIC — Mon cher...

XAVIER, *l'interrompant doucement* — Quand tu m'as appris sa mort, Éric — d'une façon assez brutale, d'ailleurs — ça m'a donné un choc, évidemment... un choc terrible, mais... — non, je ne pourrais pas t'expliquer pourquoi — ...enfin, c'est tout de suite à Isabelle que j'ai pensé.

ÉRIC — Ah ?

XAVIER — Oui... Et, cela, je ne le comprends pas. Ou plutôt, je le comprends un peu, oui. Mais disons que je ne le comprenne pas tout à fait. Voilà ce qui me trouble. Parce que mon seul désir fut celui de venir la retrouver. Et tout de suite. Sans perdre une seule minute. Une seule seconde. D'apprendre que Jean-Claude venait de mourir aussi tragiquement, cela me faisait mal, bien sûr !... mais c'est tout de même à Isabelle que je pensais surtout. En vérité, je n'ai pensé qu'à elle. Et je ne sais pas exactement pourquoi ! Mais je me dis qu'il doit cependant y avoir une raison pour que j'aie eu si soudainement dans ma tête la vision de sa solitude. J'ai donc tout de suite insisté pour que nous... *(Il s'arrête net et enchaîne tout aussitôt...)* Comme je me dis, présentement, qu'il doit bien y avoir une raison pour que Mathieu prenne tant de temps à revenir avec les verres. Le tire-bouchon...

*Mathieu rentre dans la pièce. Il a manqué de psy-
chologie; il l'a fait trop vite. Xavier a donc senti
juste: il écoutait la conversation dans le hall
d'entrée.*

MATHIEU, *entrant* — Mais j'arrive, mon vieux, j'arrive. *(Il dépose les verres sur une petite table.)* Ah!
ce que tu peux être nerveux!

ÉRIC, *souriant* — Jean-Claude s'est suicidé, c'est assez
naturel que nous le soyons tous un peu. *(Il va
remplir les trois verres, mais Xavier ne touchera
pas tout de suite au sien.)*

XAVIER, *poursuivant le raisonnement qu'il a commen-
cé à l'entrée en scène de Mathieu* — Le tire-
bouchon pouvait fort bien être sous les cuillères
à soupe. Mais les verres sont bien en vue sur les
tablettes de l'armoire.

MATHIEU, *devenant de plus en plus tendu et de plus en
plus impatient* — Mais qu'est-ce que tu vas chercher! Je n'ai fait qu'aller et venir, voyons! En plus
d'être un tyran et un paranoïaque, moi, je vais me
décider à en arriver à la conclusion que tu es
complètement fou et, avec Éric, nous prenons tout
de suite les dispositions nécessaires pour t'envoyer
dans un asile d'aliénés, crotte de bique de merde!

XAVIER, *après un silence et souriant presque* — Tu
nous écoutais?

MATHIEU, *il veut être violent mais ne peut s'empêcher
de bafouiller* — Hein? Moi, je vous...? Heu...
non! Non, moi, je ne vous écoutais pas, mon ami!
Non, je ne vous... mais... mais je vous entendais,
bon Dieu! Oui, c'est ça: je vous entendais, sacré
nom du Père et du Fils! Entre la cuisine et le
living-room, il n'y a tout de même pas des milles et
des milles de distance! Alors, tes conneries...
heu... ah! et puis, il vaut mieux que je me taise!
Je la boucle. Je ne dis plus rien. Je me la ferme.
Et... heu... santé!

ÉRIC, *souriant, mais avec une profonde tristesse* — À... à notre amitié! *(Il trinque d'abord avec Mathieu, mais comme Xavier n'a même pas encore touché son verre...)* Pour une fois, laisse-toi donc aller, Xavier. Bois un coup. Rien de meilleur pour s'engourdir l'esprit.

XAVIER, *après un silence pendant lequel il les a regardés l'un et l'autre* — Vous me cachez quelque chose, tous les deux.

ÉRIC — Que veux-tu que l'on te cache?

XAVIER, *après un autre silence, un peu plus court cependant* — La vérité.

ÉRIC — Décidément, tu ne veux pas en démordre.

XAVIER — Non.

MATHIEU — Je ne t'aurais jamais cru si entêté!

XAVIER — Je ne suis pas entêté: je suis malheureux.

MATHIEU — Nous aussi, nous le sommes.

XAVIER — Pas du même mal! Non, je ne sais pas exactement ce qui se passe en moi, je vous le répète. Mais je me sens terriblement oppressé. J'ai le souffle court. Je suffoque. Oui, c'est bien ça: je suis comme asphyxié!

ÉRIC *n'est plus du tout cynique ou léger maintenant. Il voit venir le drame. Il l'entend battre dans la poitrine de Xavier* — Et, moi, je te dis encore: bois un coup, Xavier. Crois-moi. Dans certaines situations, il n'y a que l'alcool qui permette à l'homme de reprendre haleine. *(Il lui tend son verre.)*

XAVIER, *l'acceptant* — J'en ai déjà bu un chez toi, il n'y a pas une heure.

ÉRIC — Et après? *(Souriant.)* Pour en boire un troisième, il te faut d'abord prendre celui-là, non?

XAVIER — Dans l'état où je suis, je ne voudrais pas exagérer.

ÉRIC — Allons, allons! ne fais pas l'enfant et fais-moi plaisir. *(Xavier trempe donc ses lèvres dans son verre.)* Tu veux que j'aille te chercher un compte-gouttes? *(Xavier en avale alors une bonne gorgée.)* Voilà qui est mieux!

XAVIER — Je me demande...

ÉRIC, *l'interrompant* — Et, maintenant, sois gentil: cesse de te demander quoi que ce soit. Nous allons tout simplement bavarder de choses et d'autres et attendre Isabelle bien gentiment.

À peine Éric a-t-il terminé sa réplique que Xavier le regarde étrangement. Oh! un regard de deux ou trois secondes au plus. Puis, sans mot dire, il quitte le salon, arrive dans l'entrée et monte rapidement les marches de l'escalier qui conduit au premier étage. Ce mouvement, certes, il le fera nerveusement, mais sans précipitation exagérée.

MATHIEU, *dès que Xavier aura définitivement quitté les lieux* — Qu'est-ce qu'il a encore trouvé d'anormal?

ÉRIC — C'est malheureux que nous ne soyons pas comme les bêtes!

MATHIEU — Comprends pas?

ÉRIC — Nous, les hommes, on ne flaire qu'après coup. Quand c'est trop tard. Quand ce n'est plus le temps de se montrer perspicace. Notre clairvoyance vibre à rebours et c'est tant pis pour nous!

MATHIEU, *après un léger silence* — Tu crois qu'il va finir par l'apprendre, «la vérité»?

ÉRIC *le regarde d'abord puis...* — Oui.

MATHIEU, *exaspéré* — Aussi, quelle idée a-t-elle eu de s'en aller! «La vérité», elle ne lui aurait pas éclaté en pleine figure si elle était restée!

ÉRIC — Si elle était là, c'est que Jean-Claude ne se serait pas suicidé. La vérité n'a de place nulle part.

Dès qu'elle se montre, on la fuit. Et, en la fuyant, c'est aux autres qu'on laisse le poids du mensonge inévitable qui la suit toujours.

MATHIEU — Qu'est-ce que nous allons faire?

ÉRIC — Les subir!

MATHIEU — Comprends pas encore?

ÉRIC, *souriant* — Le mensonge et la vérité. C'est tout simple: nous sommes nés pour cela. Pour qu'au moins nos mensonges servent un peu la cause de la vérité.

MATHIEU — Et dire que je te prenais pour un vrai païen, toi!

ÉRIC, *souriant toujours* — Mais tu ne te trompais pas; j'en suis un. Et j'en suis un vrai. Si tu savais comme le nombre de nos dieux est infini!

MATHIEU — Tu es l'homme le plus triste du monde, mon vieux!

ÉRIC — Et, à la fois, le plus heureux! Il n'y a pas de Joie sans Tristesse pas plus qu'il n'y a de Vérité sans Mensonge. Nous vivons présentement, Mathieu, la plus belle heure de notre existence. Oui, la plus belle! Parce que, dans un instant, il y aura lutte. Et lutte véritable. Lutte entre Vie et Mort. Lutte entre toutes. Entre Être ou ne pas Être. Entre mentir pour vivre ou vivre pour mentir. Et si cela ne revient pas au même, je voudrais bien que l'on me dise à quoi ça rime. Et si cela ne rime à rien, alors je dis à tous: « Acceptez de vivre dans le mensonge! Ainsi, peut-être, un jour apprendrez-vous la Vérité! »... J'entends Xavier qui revient. Prépare-toi, Mathieu. Le coup va être dur; moi, je suis prêt à l'avaler. *(Et vivement.)* Oh! à propos, je compte sur ta bonne digestion!

Xavier revient tranquillement dans le salon. Il est pâle, blanc, ciré. Le grain de vérité germe en son cœur.

MATHIEU — Qu'est-ce qu'il y a?

XAVIER — Il y a qu'Isabelle ne reviendra pas, ce soir.

ÉRIC — Qu'est-ce que tu racontes? Tu deviens fou, oui?

XAVIER — Non, je sais.

MATHIEU — Mais...

XAVIER, *l'interrompant* — C'est toi qui m'y as fait subitement penser, Éric.

ÉRIC — À quoi donc?

XAVIER — Quand tu as dit: «...et nous allons attendre Isabelle bien gentiment.» Je me suis rappelé alors qu'elle avait aussi oublié une dernière chose.

MATHIEU, *craintivement* — Laquelle?

XAVIER — De refermer la porte de la garde-robe dans notre chambre.

MATHIEU — Et qu'est-ce que cela peut bien signifier? C'est un oubli qui peut arriver à tout le monde et sans raison particulière!

XAVIER — Oui, en effet. En soi, c'est un détail tout à fait anodin.

MATHIEU — Alors quoi?

XAVIER — Alors quand nous sommes entrés tout à l'heure, je l'ai d'abord appelée. Et, comme elle ne répondait pas, j'ai cru qu'elle se reposait. Ainsi que vous. Doucement, je suis donc monté voir si même peut-être elle ne dormait pas. J'en aurais été étonné, mais je le souhaitais inconsciemment. Je me suis approché de la chambre sans faire de bruit. La porte était ouverte. Et, tout de suite, cela m'a paru étrange également que, même si elle sommeillait, elle ne nous ait pas entendus. Par terre, sur le tapis, au bas de la porte de la garde-robe — qui n'était pas fermée elle non plus — un jupon tombé. Et un mouchoir de tête. Sur le moment, cela n'a pas tellement frappé mon attention, Isabelle n'était pas là et je n'ai été saisi que par son absence. Mais, tantôt, quand tu as dit : «...et nous allons attendre Isabelle bien gentiment...» j'ai revu la porte entrebâillée de la garde-robe; j'ai revu le jupon et le fichu léger. Un déclic, un éclair. Isabelle est une fille ordonnée. Jamais rien n'a traîné sur les tapis, sur les planchers. Si ce n'est des journaux ou des livres que j'y avais moi-même éparpillés. J'ai pensé au petit mot rassurant qu'elle avait oublié de me laisser sur l'oreiller; j'ai revu, dans les pièces vides, toutes les lumières allumées; j'ai regardé ma main tourner la poignée de la porte d'entrée qui n'était pas fermée à clef. Alors, j'en ai conclu; elle est partie en vitesse et peut-être même affolée. Et je viens d'en avoir la preuve.

ÉRIC — Quelle preuve?

XAVIER — Son sac vert n'est pas là. Je viens d'aller vérifier dans la garde-robe. Pour vous, je sais que cela ne veut rien dire. Ou plutôt, oui, cela doit bien vous paraître bizarre à vous aussi. Vous savez de quel sac je parle, non?

ÉRIC — Oui, oui, Xavier. De son sac vert.

MATHIEU *soupire faiblement* — Mm-mmm! son sac vert!

XAVIER — Eh bien, qu'est-ce que vous en dites?

MATHIEU — Heu...

ÉRIC — Rien.

XAVIER — Nos petits week-ends à tous les cinq, vous ne pouvez pas ne pas vous en souvenir, voyons!... Au printemps ou à l'été? Et parfois même pendant l'hiver?... Toi, Éric, toi, Mathieu;... Jean-Claude, Isabelle et moi?... Hein?... Ce beau sac vert que Jean-Claude lui avait donné? Son fourre-tout?... Qu'en avait-elle besoin, ce soir, si elle allait revenir? *(Petit à petit, il se hérisse.)* On ne se promène pas sans raison dans les rues de la ville avec un sac pareil? Et l'on ne va pas non plus au cinéma avec un sac semblable! C'est un petit sac de voyage, ça, mes vieux! C'est un petit sac dont on ne se sert que lorsqu'on part en excursion!... Et Isabelle? Est-ce qu'elle a choisi le jour où Jean-Claude s'est suicidé pour partir toute seule, pour aller voir du pays, pour aller faire un petit voyage d'agrément? Hein?... Répondez-moi, hypocrites! Voilà deux heures que vous évitez mes questions par un jeu de réponses évasives ou truquées! Ne me prenez pas pour plus naïf que je ne le suis. Si tu m'as attiré chez toi, Éric, c'était pour que je ne vienne pas retrouver Isabelle ici.

ÉRIC — Tu te trompes, Xavier, puisqu'elle n'est pas là.

XAVIER — C'était alors pour que je ne découvre pas son absence. Isabelle devrait être avec nous. Et toutes les explications que vous m'avez données pour justifier qu'elle n'y soit pas sont cousues de fil blanc. Voilà deux heures que vous me mentez. Que vous me cachez quelque chose. Et quelque chose de grave. De très grave. J'en ai assez. Il est temps que vous cessiez de me prendre pour une marionnette. Coupez les ficelles. Même si votre geste a pour effet de me faire perdre l'équilibre et de me culbuter durement. Répondez-moi, tricheurs! Quelle est-elle, la vérité, puisque vous la savez? Pourquoi Jean-Claude s'est-il flambé la cervelle? Pourquoi Isabelle n'est-elle pas ici?

Dès après le dernier mot de sa réplique, le téléphone sonne. Il se trouve placé sur une petite table, dans l'entrée. Silence des personnages. Personne ne bouge. Les coups de sonnerie persistent.

ÉRIC — Tu ne réponds pas?

XAVIER, *avec une dure ironie* — Je surveillais vos réactions. Je m'attendais à ce que vous alliez m'offrir de le faire pour moi.

Xavier sort du salon pour aller répondre. Dès qu'il aura quitté la pièce...

MATHIEU, *dans un souffle* — Si c'est elle...

ÉRIC — À la grâce de Dieu!

Xavier a décroché le combiné. Que le public entende distinctement ou non sa conversation n'a aucune espèce d'importance. Se trouvant à l'arrière-plan, il est donc tout à fait naturel que les spectateurs ne saisissent pas très bien ce qu'il dit. L'acteur ne devra pas amplifier le volume de sa voix.
Éric et Mathieu, eux, tendent l'oreille; échangent des regards lourds d'inquiétude.

XAVIER — Allô?... Heu... elle dort!

MATHIEU, *dans un souffle* — Ce n'est pas Isabelle.

ÉRIC — Chut!

XAVIER — Comment ça, ce n'est pas possible?... Bon. Eh bien, pour être franc, elle est sortie. Y a-t-il un message à lui faire?... Pardon?... Qui est à l'appareil? Allô? Allô? Allô?

Xavier repose le combiné. Il reste sur place, Éric et Mathieu se regardent.

ÉRIC, *haussant un peu la voix* — C'était Isabelle?

Xavier ne répond rien et ne bouge toujours pas.

MATHIEU, *toujours à voix basse* — On lui a fermé...

ÉRIC, *à voix basse également* — Ta gueule!

Xavier revient alors lentement. Il entre dans le salon en répétant sur un ton monocorde, gris, morne...

XAVIER — Non... non...

ÉRIC — C'était Isabelle ?

XAVIER, *ce n'est pas à Éric qu'il répond. Il a le visage livide, la voix blanche. Il ne titube pas, mais on doit le sentir faible sur ses jambes* — Non !

MATHIEU, *tout est perdu ; il en a maintenant la conviction. Aussi lui demande-t-il très simplement* — Qu'est-ce qu'il y a, Xavier ?

XAVIER *va prendre son verre là où il l'aura laissé et, comme un somnambule, répète encore une fois...* — Non !

MATHIEU — Qui... heu... enfin, je ne veux pas être indiscret mais... tu fais une sale gueule, toi !

ÉRIC — Qui était-ce ?

XAVIER, *alors, petit à petit, reprend ses sens* — Je ne sais pas encore. Justement, j'essaie de me rappeler son nom. *(Et, d'un trait, il avale le contenu de son verre.)* Il me semble... voyons, voyons, voyons, comment s'appelait-elle ? *(Et, presque distraitement, il se verse à boire.)*

ÉRIC, *après un léger temps* — Tu veux vraiment la savoir, la vérité, Xavier ?

XAVIER — Comment s'appelait-elle ! comment s'appelait-elle, voyons !

ÉRIC, *maintenant, n'hésite plus* — Mireille Deschamps.

XAVIER — C'est ça, c'est ça, c'est bien ça : Mireille Deschamps. *(Et, de nouveau, il vide son verre d'un seul trait.)*

ÉRIC — Vas-y doucement.

XAVIER, *souriant avec ironie* — Tout à l'heure, tu me conseillais d'y aller rondement. *(Et il se verse un troisième verre.)*

ÉRIC — Il y a des situations dans lesquelles l'alcool peut être d'un grand secours et d'autres...

XAVIER — Moraliste, va!

ÉRIC — C'est elle qui a téléphoné, Xavier?

XAVIER — Est-ce que tu ne viens pas de me demander si je veux savoir la vérité, Éric?

ÉRIC — Apparemment, tu m'as tout l'air de la connaître.

XAVIER — Non!... Non... C'est-à-dire que... enfin, j'aimerais bien que tu me l'exposes toute nue... comme un bon dépravé, Éric. Ça ne te gêne pas, toi, d'ailleurs, la vérité toute nue, n'est-ce pas? Et, pour moi, elle reste encore voilée. Il y a... *(Et sa voix se brise.)*... eh bien, il y a des points de vue qui m'échappent! Découvre-les-moi, veux-tu? Sois gentil.

ÉRIC — Qu'est-ce qu'elle t'a dit?

XAVIER — Oh! peu de chose!

ÉRIC — Mais encore?

XAVIER — De tout de même souhaiter à Isabelle de beaux rêves, cette nuit!

MATHIEU — La petite garce!

XAVIER — Mais non! Mais non, Mathieu!... Puisqu'elle aimait Jean-Claude... elle aussi! Et que, elle,... elle n'était pas mariée. Elle n'était pas «ma femme», elle! Elle était libre. *(Il a un petit rire.)* À propos, je te félicite, Éric.

ÉRIC — De quoi donc?

XAVIER — Tu as une mémoire épatante. Et, surtout, tellement soumise. Elle s'éloigne quand tu le lui demandes et elle te revient dès que tu lui fais signe. C'est formidable, ça!... Mireille Deschamps. C'est précisément d'elle dont, tantôt, je te parlais chez toi. Tu te rappelles? Je t'ai demandé: «Comment s'appelait-elle, Éric, cette petite rousse sémillante que Jean-Claude nous a emmenée cinq ou six fois à la maison?»... Tu as haussé les épaules, comme si tu ne t'en souvenais pas. Et là, maintenant, tout de suite comme ça : « Mireille Deschamps. » C'est magnifique ! Félicitations ! *(Il avale une petite gorgée.)* À présent, parle, Éric. Et puisque la mémoire t'est revenue subitement, ne perds pas une minute et dis-moi tout. N'omets rien ; oh ! ne néglige aucun détail ! Oui, je veux la connaître, la vérité. De tout mon cœur, je tiens à la découvrir toute nue. Toute nue ! Est-ce que je peux boire pendant que je t'écoute ?

ÉRIC, *souriant* — Tu vas encore me traiter de mauvais ange parce que je vais t'obliger à boire vite. Ce qui est nu est vrai et ce qui est vrai est simple. Je te dirai tout ; je n'omettrai rien : et ce ne sera pourtant pas très long.

XAVIER, *fermant les yeux* — Allez, allez, va ! *(Mais il n'avalera pas une seule goutte de son cognac.)*

ÉRIC — Voilà, mon cher. Histoire courte.

XAVIER — Qu'elle soit courte, si tu le veux, mais qu'elle soit franche et nette. Ou seulement franche. Je retire le mot « nette ».

ÉRIC — Il y a deux ans, Isabelle est devenue la maîtresse de Jean-Claude.

XAVIER *ne devrait pas rouvrir les yeux avant la fin du récit* — Deux ans !

ÉRIC — C'est clair ?

XAVIER *n'a aucune crispation du visage, mais des larmes coulent sur ses joues* — Très.

ÉRIC — Il y a trois mois, Isabelle a décidé de rompre avec lui.

XAVIER — Pourquoi ?

ÉRIC — Parce qu'elle a horreur du mensonge, elle aussi. Et que ce mensonge-là lui pesait lourd sur la conscience.

MATHIEU, *avec bonté* — Ce qui signifie tout simplement qu'elle t'aimait, Xavier. Qu'elle t'aime. Autrement, elle t'aurait quitté pour le suivre.

XAVIER — Continue, Éric.

ÉRIC — Jean-Claude a pleuré comme une femme; Isabelle a tenu bon comme un homme. Il l'a menacée de venir tout t'apprendre...

MATHIEU, *enchaînant* — ...et elle a répondu: fais-le!

ÉRIC — Il l'a menacée de la tuer...

MATHIEU, *enchaînant encore avec douceur* — ...et elle a répondu: tue-moi!

ÉRIC — Et, comme le romantique malade qu'il était...

MATHIEU, *même jeu* — ...il l'a alors menacée de se tuer lui-même...

ÉRIC, *enchaînant à son tour froidement, sans aucune fausse émotion* — Et il l'a fait!... C'est la fin de cette historiette, Xavier.

L'auteur estime que son œuvre, en fait, n'est pas un drame mais une tragédie. Il pense donc que, après avoir entendu un semblable récit, Xavier doit absolument être victime d'une réaction violente. Ce serait une erreur de psychologie vraiment impardonnable d'oublier que, deux ou trois heures auparavant, Xavier était un homme parfaitement heureux; qu'aucun doute n'effleurait son esprit ni sur rien ni sur personne. (Du moins, en ce qui concerne sa vie privée.)

Et voilà que, subitement, alors qu'il ne le prévoyait nullement, le tonnerre — pour ainsi dire — lui tombe sur la tête. Pour lui, quoi! c'est la fin du monde. L'auteur estime donc qu'il serait loin d'être exagéré que son personnage, après avoir réalisé sur place et dans le silence le plus complet toute la dimension tragique de son mal, pousse par deux fois un hurlement de bête sauvage blessée à mort. Ces deux cris inhumains seraient d'une qualité plus noble et plus dramatique qu'un torrent de sanglots. Si le metteur en scène juge qu'un seul cri suffirait à créer l'effet de choc désiré par l'au-

teur, ce dernier se soumet humblement à son juge-
ment. Et la portée de cette réaction dépend aussi
et même surtout des possibilités du comédien qui
incarnera le pathétique et douloureux personnage
de Xavier.

XAVIER — Oh!... Oh!... *(Puis, après un long temps, il*
essaie de se ressaisir et, très simplement...)
Excusez-moi!

MATHIEU, *fortement impressionné, parlant avec diffi-*
culté — Mais oui, mon vieux!

ÉRIC, *dégoûté* — Et il s'excuse! C'est à pleurer de
vraies larmes!

XAVIER *lui lance à la figure le contenu de son verre*
— Salaud!

ÉRIC, *après ce geste inattendu qui l'a d'abord évidem-*
ment surpris, regarde maintenant Xavier sans
colère — Ouais!

XAVIER *se rend compte de la réaction stupide qu'il*
vient d'avoir brusquement, par nervosité; puis sa
voix tremble. On peut se demander s'il ne va pas
pleurer. Mais non! Il reprend possession de ses
nerfs et, encore une fois, très simplement. — Ex-
cuse-moi, Éric.

ÉRIC, *sortant un mouchoir de sa poche pour essuyer*
son visage, ses mains, son habit et, restant tou-
jours très calme — Et il s'excuse encore!

XAVIER, *toute vie le quitte. Il s'enfonce, il s'enfonce.*
— Non, non, c'est impossible, voyons! Je dois rê-
ver, moi!... Jean-Claude? Isabelle? Depuis deux
ans? Et il s'est suicidé parce que... alors, pour
elle? À cause d'elle?... Non, non! je m'en serais
aperçu, allons donc!... Comment se fait-il que je
ne m'en sois pas aperçu? *(Il les regarde.)* Et vous
le saviez pendant tout ce temps-là tous les deux?
(Un silence.) J'y pense, messieurs! Je vous avais
remis une clef de la maison à vous aussi.

MATHIEU — Franchement, là, Xavier...

XAVIER, *l'interrompant violemment* — Tais-toi, Mathieu. C'est moi qui parle. *(Puis il reprend son petit ton de voix sourd, soupçonneux.)* Mais oui, je vous ai donné une clef de la maison. Vous étiez tous les «trois» à l'avoir. «Ici, vous êtes chez vous, les amis! Quand vous avez deux ou trois heures à perdre l'après-midi, venez vous délasser ici. Chez moi. Ma maison n'est pas tellement loin du centre de la ville, profitez-en! Et, comme Isabelle n'est quand même pas toujours là le jour, voici une clef. Servez-vous-en; vous n'êtes pas des étrangers. Ici, mes vieux, tous les trois, vous êtes chez vous!» *(Il a un petit rire.)* C'est divin; c'est vraiment divin! ...Ah! ce cher Jean-Claude! il m'a pris au mot. «Ce qui m'appartient vous appartient. Ne vous gênez pas; mettez-vous à l'aise. Prenez tout ce que vous voudrez!» Et allez donc! c'est aussi simple, aussi bête que ça! *(Il a un autre petit rire.)* Ah! oui, ce cher Jean-Claude! il m'a pris au mot. Je dirais même à la lettre! Je lui avais dit de ne pas se gêner, alors pourquoi l'aurait-il fait, hein? ...Il m'a tout pris, le cher «Bambi!» Sans avoir l'air de rien. Avec douceur. Très doucement. Avec souplesse et élégance. Comme un petit faon. Il avait du doigté, Jean-Claude. Vous le savez d'ailleurs mieux que moi. Du reste, je ne cessais moi-même de le répéter. Ah! messieurs, vous avez une belle tête de lard sous les yeux! Regardez-la, messieurs. Vous n'en verrez jamais une autre pareille. Je suppose que si je me voyais dans une glace, je me ferais rire. Je ne vous fais pas rire, non?... Mais riez donc, messieurs, riez donc pour me dérider. Vous ne voyez pas que, moi, j'ai un de ces goûts de rire dans la gorge qui déclencherait l'hilarité du monde entier si je me laissais aller? *(Sa voix se brise.)* Je voudrais mourir de rire, messieurs!

MATHIEU, *pendant qu'Éric se verse à boire et reste silencieux* — Est-ce... est-ce que je peux parler, Xavier?

XAVIER *hurle* — Non!... Non! Non! Non! Taisez-vous! *(Un silence, puis il reprend son petit ton de voix misérable et ironique.)* Et, vous autres, mes amis? Vous autres... est-ce que vous vous êtes un peu plus gênés ou est-ce que, par hasard, un jour ou l'autre, vous ne m'auriez pas tout pris, vous aussi?

ÉRIC, *très calme, mais assez sèchement* — C'est assez, Xavier.

XAVIER, *tout aussi calme et souriant même* — Ce n'est pas une réponse, ça, Éric.

ÉRIC, *ne perdant pas son sang-froid, mais plus autoritaire* — Je te répète que c'est assez, Xavier!

XAVIER, *avec violence* — Personne ne m'empêchera maintenant de penser et de dire exactement ce que je veux, vous m'entendez? Personne!

ÉRIC — Oh! oui, Xavier!

XAVIER — Et qui donc?

ÉRIC, *après un léger temps* — Moi.

MATHIEU, *enchaînant avec bonté* — Et moi aussi, mon vieux. Parce que tu penses, parce que tu dis des sottises, mon pauvre Xavier!

XAVIER *se révolte* — Ah! et puis ne me plains pas. n'est-ce pas? Surtout ne me plaignez pas: je vous le défends!

ÉRIC, *assez sec, assez dur, mais sans méchanceté* — Là-dessus, tu peux compter sur moi pour t'obéir, mon cher. Parce que, non, je ne te plaindrai pas. À vrai dire, je ne te plains même pas en ce moment. *(Xavier le regarde tout de même un peu étonné.)* Non!... Et je ne te plaindrai jamais non plus. Comme, du reste, je ne m'apitoierai jamais sur qui que ce soit. Sur personne. Même pas sur moi. Ni sur mon sort. Et, pourtant, s'il y a lieu de s'atten-

90

drir sur quelqu'un dans la vie, c'est sur soi-même. Alors comment et pourquoi voudrais-tu que je te plaigne, mon cher, puisque, moi, je ne me plains pas? Et que, jamais, je ne ferai pitié; pas plus que les autres n'arriveront jamais à me fendre l'âme... Cela t'étonne que je ne compatisse pas tellement à ta douleur? «On a ce qu'on mérite» est un faux dicton et «l'on mérite ce que l'on a» en est un autre. Mais, chose certaine, qu'on le mérite ou non, il faut bien accepter d'être ce que l'on est et de subir les coups que l'on reçoit. Les bons comme les mauvais. J'avoue que les bons se supportent mieux.

XAVIER — Tu n'as pas encore répondu à ma question, Éric. Et ce n'est maintenant plus la peine de philosopher puisque je sais.

ÉRIC — Tu m'as toujours trouvé cynique, dès lors tu me trouveras cruel. La bonne fortune t'a favorisé, mon cher. Elle a mis sur ton chemin une femme très belle et très fine. Toute de grâces et d'esprit. Une femme qui t'a aimé et qui t'aime.

XAVIER, *fébrile* — Ah! surtout, n'est-ce pas...

ÉRIC, *l'interrompant avec une violence brutale, violence inattendue de sa part étant donné son caractère* — Une femme qui t'aime encore; qui t'a toujours aimé et qui, toujours, t'aimera parce que tu as une gueule de petit saint en pâte ou en cire; et que les femmes les plus monstrueuses ne peuvent s'empêcher d'éprouver pour ce genre d'hommes moitié enfants, moitié vieillards auquel tu appartiens, ce sentiment plus ou moins trouble qui doit quand même son existence au geste de l'amour et qu'on nomme: le sentiment maternel.

MATHIEU, *hérissé* — Éric!

ÉRIC — Oui, Xavier! Tu es cocu, mais tu es aimé!

MATHIEU — Un mot de plus, Éric, et...

ÉRIC, *baissant subitement le ton de sa voix et, comme s'il ne s'était pas emporté, très simplement* — Quoi donc?

MATHIEU, *furieux* — Tu te rends compte de ce que tu dis?

ÉRIC, *souriant* — Je n'ai encore rien dit, mais tu m'arrêtes à temps. Merci.

MATHIEU, *essuyant du revers de la main la sueur de son front* — Bordel!

XAVIER — Éric?

ÉRIC — Mm-mmm?

XAVIER — Continue.

MATHIEU *explose* — Ah non! Moi...

ÉRIC — Tais-toi, Mathieu! *(Mathieu reste figé sur place.)* Si tu avais peut-être un peu plus rigolé dans le passé, tu n'aurais sans doute pas présentement tellement envie de mourir de rire, Xavier. Moi, j'ai rigolé et je rigole encore tous les jours, mon cher, et ce n'est pas de rire que j'ai envie de mourir. D'ailleurs, j'aime trop la vie pour vouloir mourir. Et c'est probablement ce qui me tuera, vois-tu. J'aime la vie. Pas toi. Toi, en réalité, tu n'aimes rien. Tu n'as jamais rien aimé. Ni personne.

XAVIER *tremble de tout son corps* — Ni personne?

ÉRIC — Ni personne. Non. *(Et il dit tout cela avec un calme incroyable.)* Même pas Isabelle.

XAVIER *s'empare alors du cadre vitré qui renferme la photographie d'Isabelle et le lui lance à la figure. Éric l'évite de justesse et il va se briser contre le manteau de la cheminée* — Cochon!

MATHIEU, *au paroxysme de l'exaspération et de la colère* — Éric, tu perds la tête!

ÉRIC, *très calme. Comme si Mathieu n'avait rien dit* — Tu vois bien que tu ne l'aimes pas, Xavier: tu la brises en mille pièces. *(En cas d'accident scéni-*

que et que la vitre du cadre n'éclate pas, Éric dira alors: « ...tu voudrais la briser en mille pièces ».)

XAVIER *se laisse tomber dans un fauteuil et va pourtant fondre en sanglots* — Cochon ! Coch...

ÉRIC — Ah ! non, non ! Pas de larmes, hein ? Pas de pleurs, ni de gémissements, ni de grincements de dents ! Ah non ! Non, mon cher ! Tu viens toi-même de demander, de défendre que l'on te plaigne ! Pas de scène, mon cher ! S'il te plaît !... Sauf toi, tu n'aimais personne, Xavier.

MATHIEU, *très doux, très simple* — Je t'en supplie, Éric.

ÉRIC *enchaîne comme si Mathieu n'avait même pas ouvert la bouche* — Maintenant, je le vois, c'est différent: tu aimes Isabelle. C'est très bien. Ce n'est pas trop tard. Il est cependant malheureux que ce soit à cause de ceux qui sont morts que l'on doive notre bonheur de vivre. Plutôt que d'user tes pauvres yeux à lire, mon cher, il eût mieux valu que tu consumes ta vue à regarder autour de toi. « Comment se fait-il que tu ne te sois aperçu de rien ? » demandais-tu tantôt ! La réponse est si simple. Regardais-tu quelque part ailleurs qu'en toi ? Il y a les autres, mon cher. Ne l'oublie jamais. Il y a les autres qui demandent aussi quelque chose à la vie. Et quelque chose qu'on peut peut-être leur donner si l'on veut bien oublier, un instant, ce que, soi-même, l'on désire. À cela, tu n'y as pas pensé !

XAVIER, *après un long silence et d'une voix lointaine* — Mais j'y pense, à présent.

ÉRIC — Et c'est très bien !

XAVIER, *sur le même ton* — J'y pense, oui, Éric,... et cela me pousse à te répéter ma question.

ÉRIC, *étonné et vraiment sincère* — Quelle question ?

XAVIER — « Il y a les autres qui demandent aussi quelque chose à la vie ! »

ÉRIC — Oui?

XAVIER — Ce qu'elle a demandé de la vie à Jean-Claude... est-ce qu'elle vous l'a demandé à vous aussi, Isabelle? Tu ne m'y as pas encore répondu, à cette question-là, Éric? Oh! tu m'as raconté de fort jolies choses, mais tu t'es bien gardé d'y répondre à cette question-là?

ÉRIC, *violent* — Parce qu'elle est idiote!

XAVIER — Idiote? Ah! vraiment?

ÉRIC — Oui: idiote!

XAVIER — Pourtant, Jean-Claude...

ÉRIC, *l'interrompant rageusement* — Ce n'est pas parce que tu nous a donné à tous une clef de ta maison que tu es un homme trompé, Xavier. Tu ne nous aurais pas remis de clef ni à l'un ni à l'autre et Isabelle — quand tu étais absent — n'avait qu'à ouvrir gentiment la porte à celui d'entre nous qu'elle désirait recevoir.

XAVIER, *se cachant les yeux dans ses mains* — Tais-toi! Tais-toi!

MATHIEU, *les nerfs en boule* — Mais réponds-lui donc honnêtement et directement, nom de Dieu! Puisque cette vérité-là, au moins, elle ne lui fera pas mal. Tout au contraire.

ÉRIC — Parle, Mathieu.

MATHIEU — Non, nous ne t'avons pas tout pris, Xavier. Non!... Et ce n'est pas par gêne que nous ne l'avons pas fait. Je ne veux pas... *(Et il le devient presque en le disant...)*... je ne veux pas devenir sentimental, mon vieux. Mais nous ne l'avons pas fait pour deux excellentes raisons dont... dont la première est que nous sommes tes amis.

XAVIER — Je ne trouve pas cette raison excellente du tout, Mathieu. Est-ce que, Jean-Claude, il n'était pas mon ami, lui aussi?

ÉRIC — Sottise, sottise!

94

XAVIER, *avec violence* — Est-ce qu'il ne l'était pas, non?... Non! il ne l'était pas, évidemment. Puisqu'il se sentait tellement chez lui ici que j'en arrive presque à me demander maintenant si je suis chez moi. Non, mais c'est vrai! Avouez-le, chers messieurs! Dans cette maison, depuis deux ans, en vérité, c'est moi, l'étranger! Lorsque Isabelle et «mon ami» — mon ami Jean-Claude — lorsqu'ils se quittaient parce qu'ils me croyaient sur le point d'arriver, ils devaient très certainement se dire: «Quel importun!»... Mais oui, mais oui!... Combien de fois mon retour a dû les ennuyer, les contrarier, les énerver!... «Ah zut! ton mari sera là dans quelques minutes, chérie!»... Parce qu'il devait bien l'appeler «chérie» lui aussi. Comme moi. Comme vous peut-être!

MATHIEU — Là, je te le dis: tu m'écœures!

XAVIER — Sauf que, moi, je n'étais plus «le chéri» d'Isabelle. C'est lui qui était le sien. Ou peut-être toi, Éric; ou toi, Mathieu!

MATHIEU — Tu divagues, Xavier.

XAVIER — Pourquoi est-ce que, tous les deux, vous ne l'auriez pas été, vous aussi, «son chéri»?... Une fois en passant, comme ça? Quand vous vous demandiez quoi faire en attendant que je rentre?

ÉRIC, *avec un calme désarmant* — Si tu continues, Xavier, je te casse la gueule.

XAVIER, *ne sachant plus ce qu'il dit, enchaîne terriblement pathétique* — Si je continue, tu me casses la gueule? Tu me casses la gueule si je continue? *(Il a un rire qui naît de ses larmes encore sèches.)* Ah! c'est superbe! Je n'ai jamais eu un bon copain comme toi, Éric! Merci, merci! Tes réactions me réchauffent le cœur. Tu as de ces mots qui consolent; qui sont comme un baume qui coule sur nos blessures. *(Et il lui crie à la figure.)* Mais ce n'est pas encore une réponse, ça, Éric! Que tu me casses la gueule ou non, cela ne prouve pas du tout que j'aie tort de penser ce que je pense! Prouve-moi plutôt que je suis dans l'erreur, Éric. Et non par un coup de poing, mais par une pierre de touche. Tu en es capable, oui? (*Et sobrement, avec douceur et une douleur toute simple, tout aussi simple que le visage de la souffrance.*) Oui, Éric. Oui, Mathieu. Oui, dites-moi. Oui, dites-moi que vous êtes capables de me prouver que vous avez été... que vous êtes encore mes amis. Dites-le-moi, oui! Oh! oui,... oui!... La première raison ne m'a pas paru convaincante, mais tu en as une autre... «excellente»... à me donner, Mathieu, — m'as-tu dit — pour que je puisse vous croire tous les deux?

MATHIEU, *après un léger temps* — Oui.

XAVIER — Laquelle? Oh! parle vite... vite!

MATHIEU, *après un autre temps plus court que le précédent* — Jean-Claude s'est suicidé cet après-midi. À... ou vers les trois heures.

ÉRIC — L'imbécile!

MATHIEU — Il s'est suicidé parce qu'Isabelle lui a dit, il y a trois mois: «Je suis une folle, Jean-Claude. Nous sommes des monstres. Ce n'est pas toi que j'aime: c'est Xavier. Oui, je me suis trompée...»

XAVIER, *l'interrompant, amèrement* — ...en «me» trompant!... Ah! comme c'est facile de se tromper et d'en avoir ensuite se repentir!... Mais comme c'est difficile de l'avoir été et d'essayer de se convaincre que le «trompé» peut se promener le front plus haut que «le trompeur!»

MATHIEU *enchaîne simplement comme si Xavier ne l'avait pas interrompu* — Jean-Claude n'a pas voulu comprendre. Il n'a pas voulu comprendre qu'Isabelle ne serait toujours que la femme d'un seul homme. Toi, Xavier.

XAVIER, *douloureusement ironique* — Non! vraiment?

MATHIEU — Oui, Xavier: vraiment. Là, tu es atteint dans ta chair, dans ton sang; et c'est la nuit qui tombe sur ta vie. C'est l'ombre qui t'environne. Tu viens tout subitement de perdre la vue. C'est donc normal que tu te trouves hanté par mille visions horribles, terrifiantes. Mais crois-moi, mon vieux, ne t'imagine pas seul et enterré dans un désert de cendres. Non, ne sois pas victime des mirages qui t'obsèdent. Nous ne t'avons pas tout pris d'abord parce que nous étions, parce que nous sommes tes amis; et, ensuite, parce que, tout simplement, ton Isabelle était et reste toujours une honnête femme.

XAVIER, *absolument abasourdi* — Une honnête femme?

ÉRIC, *assez sèchement* — Une honnête femme. Oui.

XAVIER *éclate de rire brutalement, presque grossièrement. Dégoûté, écœuré* — Une honnête femme?... Ah! messieurs, messieurs, vous êtes tous les deux les plus charmants amis du monde!... Une honnête femme, mon Isabelle? Ah! que voilà une savoureuse expression! «Une honnête femme!» *(Et il gueule.)* Une garce! Une sale garce! Voilà ce qu'elle était et ce qu'elle demeure «mon Isabelle!»... «Mon» Isabelle!... l'Isabelle de Jean-Claude plutôt. Puisque, depuis deux ans, elle n'était plus la mienne. L'a-t-elle jamais été «la mienne» d'ailleurs?... C'est fort bien: je vous crois. Vous êtes de vrais amis, vous ne m'avez pas tout pris. Mais «avant» Jean-Claude, qui me dit, qui me prouve que «mon honnête femme» ne s'est jamais jetée, blottie, roulée dans les bras d'un autre, de dix autres, de vingt autres, par exemple? Qui donc pourrait maintenant me donner l'assurance du contraire? Vous?... Elle?... Elle? Ah! non, tout de même! Elle a su si bien me mentir, et m'endormir, et me trahir depuis deux ans! Non, non, elle, comment pourrais-je la croire?

ÉRIC, *sèchement* — Toi, Xavier, as-tu déjà songé à demander à ta mère ce qu'elle avait fait avant de rencontrer ton père?

XAVIER — Espèce de porc! *(Et il lui saute à la gorge.)*

ÉRIC, *d'un physique plus puissant que celui de Xavier, réussit assez facilement à desserrer son étreinte et, brutalement* — Personne n'a de droits sur la vie de personne. Ni avant ni après le mariage. Nous sommes seuls et deux êtres ne peuvent unir que leurs deux solitudes. Tant mieux si elles s'accordent; tant pis si elles se heurtent.

MATHIEU *est vivement venu derrière eux pour les séparer; ce qu'il fait maintenant. Et il leur dit avec beaucoup de calme et de douceur* — Faudra-t-il vraiment que ce soit moi qui vous démolisse la figure à tous les deux? *(Éric et Xavier s'éloignent alors l'un de l'autre.)* Vous ne trouvez pas qu'un drame suffit pour aujourd'hui?... Ou plutôt deux?... Puisque Jean-Claude s'est suicidé et que sa triste mort creuse un abîme sans fond entre Xavier et Isabelle?

ÉRIC *a retrouvé son sang-froid et, comme s'il se parlait à lui-même* — «Trois» drames!... Isabelle n'oubliera jamais que Jean-Claude s'est suicidé pour elle; et, surtout, à cause d'elle. ... Oui, en effet, Mathieu, tu as raison: cela suffit pour aujourd'hui.

XAVIER, *après un silence* — «Quatre» drames!

MATHIEU, *étonné* — Quatre?

XAVIER — Oui: quatre. *(Très simplement.)* Je viens de me rendre compte, à l'instant, que j'ai aussi perdu les deux seuls amis qui auraient pu me rester.

MATHIEU, *ne comprenant pas le fond de sa pensée* — Qu'est-ce que tu racontes, Xavier?

XAVIER — Vous oubliez mon orgueil, messieurs.

MATHIEU — Et qu'est-ce que cela veut encore dire, ça?

XAVIER — Vous oubliez surtout la confiance que j'avais en vous. En vous : mes amis. Mes vrais amis. *(Il a un petit rire amer.)* Ah ! oui, vous êtes de « vrais » amis !... Mon Dieu ! Mon Dieu ! faut-il que je sois bête, ridicule et stupide !... Une tête de lard, messieurs, une tête de lard ! Voilà ce qui s'agite sur mes épaules ! Des amis ? De vrais amis ? Oh ! s'il vous plaît, permettez-moi de rire encore un peu ! Depuis deux ans, vous savez ce que j'apprends ce soir et vous vous êtes tus ? Vous êtes restés muets ? Vous n'aviez pas le courage, je suppose, vous, « mes amis », de me mettre au fait. Non, non, oh non ! J'en aurais trop souffert. C'eût été réellement trop cruel de me révéler une si lamentable vérité ! Vous ne pouviez pas, vous ne « deviez » pas me faire découvrir et m'exposer « toute nue » et bien en face, Éric, une telle réalité ! Il valait mieux... oui, sans doute, ne valait-il pas mieux pour mon plus grand bonheur, ma paix la plus tranquille, me laisser aux lèvres, chaque jour qui passait, ce beau sourire niais et angélique, ce sourire ignorant et benêt, mais combien heureux qui était le reflet de mon pauvre amour même s'il était aussi celui de ma sottise extrême ? Qu'importe que j'aie été la risée de tous et de chacun — car vous ne deviez pas être les seuls à le savoir que j'étais le clown de l'histoire — pourvu que moi, Xavier, je pense toujours qu'elle se sentait bien dans ma prison, mon Isabelle !... Ah ! comme vous avez été bons pour moi, mes amis ! Merci... merci !

MATHIEU, *confus, bouleversé, bafouillant presque* — Comprends, Xavier... comprends-nous...

XAVIER, *allant chercher son verre et la bouteille de fine champagne; sur un ton presque léger* — Mais oui, Mathieu, mais oui ! Je comprends ; je comprends très bien. D'ailleurs, aujourd'hui, je veux tout comprendre. *(Et, pendant ce monologue, il va se promener dans la pièce, de-ci, de-là, tenant toujours dans chacune de ses mains son verre et la bouteille.)* Messieurs, je vais boire à notre amitié éternelle et indissoluble! *(Se versant à boire.)* À la vie, à la mort! Pour toujours, à jamais! Vieux lieux communs aussi faux que les vérités qu'ils expriment! Qu'est-ce que la vérité, d'ailleurs, si ce n'est le mensonge? Tu as raison, Éric, tu as raison; et je t'approuve de grand cœur! Aussi est-ce à ta santé, premièrement, que je vais vider ce verre. À la bonne tienne, Éric! *(Il avale d'un trait le contenu de son verre.)* Oui, à la santé du mensonge ou plutôt de la vérité toute nue! Celle-là, seule, est vraie; tu as cent fois, tu as mille fois raison, Éric. Vive la chair, vive la femme, vive l'amour! *(Il se verse de nouveau à boire et il tend la bouteille à l'un des deux personnages; à celui qui se trouvera le plus près de lui.)* Non, je me trompe. Non! «Pas» vive l'amour, mais vive la chair et vive la femme! On dit que les deux sont mortelles et que, seulement, l'âme et l'esprit survivent. Mais quelle joie exaltante cela nous donnera-t-il quand notre chair et nos femmes seront mortes? *(Et, encore une fois, il avale d'un trait le contenu de son verre. Puis, accablé...)* La mienne vient de mourir et quelle joie me reste-t-il? Une seule! *(Et, petit à petit, il va s'exalter.)*... Oui, une seule! Celle de pouvoir crier: «Mort! Mort! Mort à la vérité qui tue les êtres francs!... Mort! Mort! Mort à la vérité qui, elle, ne peut pas triompher du mensonge!... Mort à nous tous qui croyons! Mort à nous tous qui disons «oui» lorsqu'on devrait dire «non» pour ne pas être des hommes comme les autres; mort à nous tous qui disons «non» lorsqu'on devrait dire «oui» pour devenir semblables aux autres! Mort à nous tous qui aimons!» *(Et il lance son verre contre un mur, n'importe où. Puis il se laisse tomber par terre, lentement, abattu, écrasé, assommé par le poids d'une grande douleur. Pas de larmes.*) Oh!... Oh!... Oh!... Comme c'est terrible de devenir un homme!... Et, surtout, quand on a déjà l'âge d'en être un!... Regardez-moi, messieurs! Regardez-moi. À l'âge que j'ai, j'étais encore un enfant! (*Et là, là seulement,... il pleure. Il pleure presque silencieusement.*)

Éric et Mathieu échangent des regards consternés. Puis après un long silence...

ÉRIC, *avec humanité, mais sans douceur particulière* — Alors, puisque tu ne l'es plus, relève-toi, Xavier... Relève-toi et... relève-toi d'abord. (*Péniblement, Xavier se redresse, lentement, lentement, s'accrochant là où il peut, et, une fois debout, il regarde Éric fixement, perdu, perdu... perdu...*) Écoutemoi, Xavier. Et dis-toi bien que, lorsqu'on devient homme, on préfère de beaucoup les grands mensonges qui bouleversent peut-être notre existence — mais qui nous permettent de nous battre et nous donnent ainsi une raison de vivre — aux petites vérités quotidiennes qui nous rendent à tous la vie insupportable et négative. (*Après un temps.*) Isabelle...

XAVIER, *sur un ton de voix très douloureux, mais très simple et très doux* — Non, non! ne me parle plus d'elle!

ÉRIC — Je ne veux pas essayer de la justifier, Xavier.

XAVIER, *même jeu qu'à sa réplique précédente* — Tais-toi! Tais-toi! veux-tu?

ÉRIC, *fermement, mais sans aucune brutalité. Au contraire. Il doit rester profondément humain jusqu'à la fin de la pièce à compter de maintenant* — Non!

MATHIEU, *timidement* — Dis, Éric, peut-être que...

ÉRIC — Non! C'est tout de suite qu'il faut en parler parce qu'elle peut revenir d'un moment à l'autre. (*Xavier ne dit rien, mais il lui lance un regard affolé et, à la fois, un peu étonné.)* Non, Xavier, Isabelle ne t'a pas quitté. Au contraire ! Elle a même un suicide sur la conscience pour ne pas l'avoir fait.

XAVIER, *déchiré* — Oh non !... Non !

ÉRIC — Oui, Xavier. Oui. ...Et c'est terrible. Et c'est peut-être ce qu'il y a de plus terrible ! Parce que, si Jean-Claude est mort, elle continue à vivre... et toi aussi ! Et c'est parce que, tous les deux, vous continuez à vivre que Jean-Claude est mort. Toi, du moins. Car si elle t'avait quitté pour le suivre, c'est peut-être toi qui aurais commis son geste imbécile.

XAVIER, *très simplement* — Non. Moi, je n'en aurais pas eu le courage.

ÉRIC, *souriant gentiment* — Tout à l'heure, chez moi, ne prétendais-tu pas qu'il fallait plutôt être lâche pour se suicider ? *(Un silence. Xavier le regarde et baisse la tête.)* Heu... est-ce qu'il ne vaut pas mieux être « le trompé » que « le trompeur », mon cher ?

XAVIER, *voix lointaine* — Jean-Claude !

ÉRIC — Oui, Jean-Claude !... Jean-Claude, toi, et Isabelle !... Mais vous restez alors que, lui, il est parti.

XAVIER — Tu crois vraiment qu'elle va revenir ?

ÉRIC — Dès ce soir. Elle va rentrer d'une minute à l'autre. Dans quelques instants, elle va remettre les pieds dans ce salon, Xavier.

XAVIER — Je ne veux pas la revoir !

ÉRIC, *enchaîne comme si Xavier n'avait rien dit* — Parce qu'elle est brave, Isabelle. Parce qu'elle est honnête. Elle a eu la certitude intelligente de penser que personne ne pouvait être assez fou pour se tuer pour elle. Mais ça s'est fait, figure-toi donc ! Il l'a fait. Tu dois deviner un peu son état d'âme, Xavier ? Pour la cause du mensonge — le sien, le mensonge d'Isabelle, mon cher — un homme s'est flambé la cervelle. ... Notre ami.

102

XAVIER, *faiblement* — Le vôtre.

ÉRIC — Le tien. Le tien aussi, Xavier. Il l'était jus- qu'à trois heures, cet après-midi. Et tu renierais une vérité qui t'a été chère, douce, et chaude pen- dant des années à cause d'un petit mensonge vul- gaire qui n'a duré que deux ans ? Et qu'en plus, tu découvres mort ? Que rien ne saurait le faire revi- vre ? Parce qu'il s'est effacé avec Jean-Claude, ce triste mensonge ! C'est le petit mensonge qu'il a emporté avec lui, Xavier. Car c'est un petit men- songe que de t'avoir trompé. Toi, tu restes avec le grand. Celui qui nous oblige à mentir pour justifier notre présence en ce monde et à mourir en ne sa- chant pas encore tout à fait pourquoi il était néces- saire de mentir pour vivre. Le petit mensonge, il va te falloir l'oublier, mon cher, pour accepter le grand. C'est décevant, je l'admets. C'est presque inhumain. Mais je le répète : il n'y a que le côté inhumain des choses pour rendre l'homme hu- main. Il n'y aura de vrais hommes dans le monde qu'à une condition et c'est qu'il y ait de grands menteurs. Alors, ce soir, je vais te demander d'ap- partenir à cette race pour que tu deviennes ce que tu dois être : un homme vrai. Mathieu ?

MATHIEU — Oui, Éric ?

ÉRIC — Ramasserais-tu les morceaux de verre, s'il te plaît ?

MATHIEU — Naturellement.

ÉRIC — Et, après, tu serais gentil de faire le guet à la fenêtre.

MATHIEU, *se rendant jusqu'à la cheminée où il pren- dra le petit balai à ramasser les cendres pour net- toyer le parquet des débris de verre et les dépo- ser dans une petite pelle* — Oui, certainement. ... Quelle affaire, quelle affaire !

ÉRIC, *souriant* — Oui, en effet, quelle affaire ! Mais les affaires sont les affaires. Et les affaires du cœur — si elles ne se résument pas à des questions d'argent — doivent se traiter de la même manière. Il y a le rouge et le noir. Et, en amour comme en affaires, il faut absolument — et cette règle a peu d'exceptions — il faut absolument accepter d'être parfois au débit pour finir par avoir un certain crédit.

XAVIER, *atterré; sans bouger; voix blanche et monocorde* — Tu me dis qu'Isabelle va revenir, Éric...

ÉRIC — J'en suis certain.

XAVIER — Pourquoi donc avoir pris avec elle son petit sac de voyage ?

ÉRIC — Précaution inutile qu'elle a prise dans l'affolement du moment. Lorsqu'elle a quitté la maison, elle était en proie à une grande panique. Elle ne se sentait pas la force de t'affronter. Elle était déchirée; torturée. Jean-Claude s'étant tué comme un fou à cause de sa décision, il y a trois mois, de ne plus appartenir qu'à toi et à toi seul, il n'est pas nécessaire d'être très subtil pour deviner et comprendre son tourment et sa désolation. Son mensonge, qu'elle avait si bien su te cacher pendant deux ans, elle a cru être incapable maintenant de ne pas te le crier, de ne pas te le hurler à la figure !... Alors, je lui ai dit de sortir ; de s'en aller.

XAVIER — « Tu » lui as...

ÉRIC — Oui, tantôt. Chez moi. Lorsque vous êtes sortis, Mathieu et toi, pour aller arrêter une voiture dans la rue. Je lui ai téléphoné. *(Xavier branle la tête de gauche à droite.)* Eh oui, mon cher, un autre mensonge ! Mais un mensonge qui t'aurait délivré de tout ce mal si Isabelle avait su garder son sang-froid. Tu vois que le mensonge peut parfois devenir une vertu, Xavier.

XAVIER — Le coup de téléphone...

ÉRIC — Quoi « le coup de téléphone ? »

XAVIER — Tout à l'heure... Mireille Deschamps. J'aurais quand même tout appris.

ÉRIC — Mais non, mon cher. Puisque c'est Isabelle qu'elle a demandée. C'est Isabelle qui lui aurait parlé. Et c'est Isabelle qui aurait été victime du choc. Pas toi.

XAVIER — Tôt ou tard... un jour ou l'autre...

ÉRIC — Peut-être! C'était tout de même un risque à courir. C'était un très joli mensonge. Un mensonge très honnête. Je dirais même «très pur».

XAVIER — Non!... Non, ce sont les mensonges qui tuent l'homme.

ÉRIC — N'est-ce pas plutôt la vérité qui te tue en ce moment? ...Demande un peu à Mathieu, Xavier, si ce n'est pas la vérité qui l'a tué lui aussi?... N'est-ce pas, Mathieu? Dis-lui que je ne mens pas. Avant que Xavier arrive chez moi, je t'ai dit: «Si, seul, je ne parviens pas à le convaincre, tu m'aideras, Mathieu.»... C'est le moment. Aide-moi. Allez, vas-y. Tu as la parole.

MATHIEU, *après un silence* — Éric ne te ment pas, Xavier. Tout ce qu'il dit est vrai. Je vais t'apprendre une chose que tu ignores. J'a... j'avais trois ans lorsque j'ai perdu mon père. Et l'on me raconta plus tard qu'il était mort dans un accident d'automobile. Je l'ai cru jusqu'à l'âge de vingt ans. Et puis, un jour, dans une taverne, je me suis bagarré avec des copains. Il ne faut pas se bagarrer. Jamais. Parce qu'il n'y a rien comme les bagarres pour mettre à nu la vérité. Surtout si l'on a avalé un coup de trop. Un charmant jeune homme m'a donc appris que j'étais le fils d'un assassin. D'un assassin qui avait été condamné à la potence, mon vieux. Et que l'on avait pendu par le cou jusqu'à ce que mort s'ensuive. Que ce n'était donc pas une très bonne raison pour me croire le premier moutardier du pape. J'aurais préféré ne jamais la connaître, cette vérité-là. Crois-moi.

ÉRIC — Qu'est-ce que tu en dis, Xavier?

XAVIER, *fermant les yeux* — Ne me dites plus rien... ne me parlez plus.

ÉRIC — Alors, maintenant, écoute-moi bien, mon cher.

XAVIER — Non, non, Éric, je t'en supplie: tais-toi! Laisse-moi seul avec le silence. Après tout, le silence, c'est peut-être, ça, la vérité. Le silence ,le silence... Le silence!

ÉRIC — Oui. Peut-être... Et voilà pourquoi tu ne parleras pas toi non plus. Voilà pourquoi tu vas porter le poids d'un grand mensonge, toi aussi, et devenir un homme. Un homme avec un grand H, Xavier. Isabelle va revenir. C'est par mesure de précaution qu'elle s'en est allée d'ici comme une folle avec son petit sac de voyage. Prise de panique, elle a sans doute pensé: «Si je n'ai pas le courage de revenir...» Et elle a apporté quelques effets avec elle, mais elle va revenir. Je la connais, Isabelle. Elle va revenir, je le sais. Avec une figure toute froide et une âme bien trempée. Ses yeux auront pleuré et cela, cela seulement se verra sur son visage. Rien d'autre. Et, à tes propres yeux, elle se sentira justifiée d'avoir versé des larmes puisque Jean-Claude est mort. Eh bien, toi...

XAVIER, *a compris, aussi l'interrompt-il, craintif, inquiet et tourmenté* — Qu'est-ce que tu vas me demander, Éric?

MATHIEU — Ce que je te demande, moi aussi, Xavier...

ÉRIC, *enchaînant* — De te taire.

XAVIER — De me taire?

ÉRIC — Oui, de te taire. De ne rien dire jamais. Jamais!

XAVIER — Quoi?

MATHIEU — Oui, passe l'éponge, mon vieux. Pardonne. Oublie tout.

XAVIER, *se révolte* — Mais vous me demandez là une chose impossible!

MATHIEU — Une chose difficile, Xavier...

ÉRIC, *enchaînant avec fermeté* — Mais possible!

XAVIER, *avec violence* — Non!

ÉRIC — Je te l'ai déjà dit et je te le répète: «tout» est possible.

XAVIER, *criant, hurlant presque* — Non! Non! Non! Jamais.

MATHIEU — Il le faut, Xavier.

ÉRIC — Il le faut et il va le faire.

XAVIER — Non, mais pour qui me prenez-vous? Pour un fou? Pour un saint?

ÉRIC, *très simplement* — Pour un homme.

XAVIER — Jamais, vous m'entendez? Jamais.

ÉRIC, *toujours très calme* — Tu vas le faire, mon cher, parce qu'un jour ou l'autre il faut bien que l'homme découvre qu'il a la mort dans l'âme; qu'il est déjà mourant à l'heure de sa naissance. Et, cela, tu viens de le découvrir aujourd'hui. La mort dans l'âme, Xavier. Et cette mort-là, elle est tout aussi inexorable que l'autre. Il n'y a rien à faire: on ne peut pas l'éviter. Et c'est dans le silence qu'il nous faut l'accepter. Si Isabelle peut le faire, tu dois te montrer digne d'elle et le faire toi-même.

XAVIER, *il tremble de colère* — Me montrer digne d'Isabelle?

ÉRIC, *perd maintenant lui aussi son sang-froid et se fâche* — Oui, te montrer digne d'Isabelle, Xavier!

MATHIEU, *craignant une autre scène de violence* — Ne t'emballe pas, Éric, ne t'emballe surtout pas!

XAVIER, *frémissant* — Non, ne t'emballe pas, hein? Est-ce que tu te rends compte de ce que vous me demandez là?

ÉRIC, *avec force* — Oui, Xavier, oui! Nous nous rendons très bien compte qu'Isabelle t'a trompé. Oui, nous nous rendons compte que tu viens d'être marqué au fer rouge comme un esclave. Mais nous sommes tous des esclaves et nous sommes tous marqués au fer rouge. D'une façon ou d'une autre. Aussi pense d'abord aux stigmates qui, à jamais et jusqu'au sang, marquent et les mains et le cœur d'Isabelle, Xavier. C'est le silence qui lui rappellera à chaque jour, à chaque heure de sa vie sa vérité perdue. Tu ne trouves pas que sa plaie est assez profonde ?

XAVIER, *s'écroulant dans un fauteuil* — Ô dieu !... ô dieu !

MATHIEU, *après un silence, avec douceur* — Quand elle rentrera, mon vieux, fais ce que nous te demandons. Tais-toi ; oui, tais-toi. Oh ! ne dis rien ! Pour qu'au moins Isabelle ne te soit pas revenue inutilement et que la mort de Jean-Claude n'ait pas été non plus une mort stérile.

XAVIER — Ma tête éclate !... Ma tête éclate !

ÉRIC, *a retrouvé son calme* — Ce sont mes derniers mots, Xavier, mais écoute-les bien. Si Isabelle, au lieu de te revenir, avait, au contraire, décidé de continuer à partager sa vie entre toi et Jean-Claude, peut-être n'aurais-tu jamais rien su et, lui, il ne se serait pas suicidé. Et, tous les trois, vous n'auriez vécu que sur un mensonge, un mensonge très petit, mesquin, très vil et très bas. Alors que, maintenant, Isabelle et toi, par l'effet d'un choc en retour, vous allez pouvoir vivre dans la vérité d'un grand mensonge qu'Isabelle croira toujours t'avoir bien caché, mais qu'en réalité tu lui cacheras toi-même. Oui, Xavier, sois un homme et cache-lui son propre mensonge.

MATHIEU, *après une légère pause* — Réfléchis, mon vieux. Réfléchis sérieusement et tu verras... tu verras que tout n'est pas perdu quand on veut bien fermer les yeux sur la douleur de vivre. Le silence est éblouissant de clarté.

Mathieu se rend à la fenêtre. Il y sera déjà allé au moins une fois après avoir nettoyé le parquet. Éric, lui, s'éloigne aussi un peu de Xavier et allume une cigarette.

XAVIER, *se tenant la tête à deux mains* — J'en serai incapable... j'en serai incapable!... C'est au-dessus de mes forces!

ÉRIC, *murmurant à peine* — J'ai dit cela, moi aussi.

XAVIER, *il tourne lentement la tête vers lui, le regarde un instant et lui demande* — Quand?

ÉRIC — Quand je suis revenu de la guerre. Mortellement blessé. Oui, Xavier, apprends-le: à vrai dire, je ne suis qu'à demi vivant. Je suis revenu... je suis revenu infirme. Infirme pour la vie. Comme récompense et prix de consolation, on m'a remis une médaille. Oui. Parce que, pour la patrie, j'étais devenu ce que je suis: la moitié d'un homme. J'ai une décoration à la place du sexe, mon cher. *(Petit rire sec.)* C'est pour cette raison que j'aime tant les femmes, que j'en parle toujours sur un petit ton pervers, et que pourtant... mes amours comme mes passions ne sont toujours que mensonge! Non, mais vraiment, je ne vais tout de même pas confesser cette vérité-là à tue-tête, hein?... Alors, je mens. Et, aux yeux de toutes et de tous, je passe donc pour un être dur, même cruel, cynique et amoral. Cette carapace, cependant, me protège et m'aide à jouer mon rôle sur cette terre. Lequel des deux mensonges préfères-tu, Xavier? Le tien ou le mien? *(Un silence pendant lequel Xavier et Mathieu le regardent.)* La grande tragédie, mon cher, c'est d'être né.

On entend une voiture freiner devant la maison. Mathieu, regarde vivement à la fenêtre.

ÉRIC, *dès après le grincement des pneus sur l'asphalte mouillé* — Tu vas te taire, n'est-ce pas, Xavier?

MATHIEU — C'est elle. La voilà. Elle arrive en taxi.

XAVIER, *réaction intérieure intense* — Déjà?

ÉRIC — Du cran, mon cher, du cran.

MATHIEU — Tu ne sais rien, mon vieux. Dis-nous que tu ne sauras jamais rien.

On entend une des portières de la voiture s'ouvrir et se refermer.

XAVIER, *faisant un effort pour se lever* — Mes jambes... mes jambes...

ÉRIC — Souris.

XAVIER — De quoi ai-je l'air?

MATHIEU — D'un homme qui a pleuré. Mais il n'y a rien de mal, ni de laid, à ce qu'un homme pleure un peu parce qu'il vient de perdre un ami.

XAVIER — Isabelle!

ÉRIC — Souris.

XAVIER — Tu m'en demandes trop, Éric.

ÉRIC — C'est un grand art de savoir bien mentir, Xavier; j'essaie de te l'apprendre.

XAVIER — La clef tourne dans la serrure.

ÉRIC — Et mens avec vérité, mon vieux. Allez! Mais souris donc. Je souris bien, moi, et je n'en ai pas plus envie que toi!

On entend la porte d'entrée s'ouvrir.

XAVIER — La voilà!

MATHIEU, *gaiement* — Alors, je remplis les verres?

ÉRIC, *même jeu* — Excellente idée, Mathieu.

110

XAVIER, *sur un ton qu'il veut dégagé et il y réussit assez bien. Haussant un peu la voix pour qu'elle l'entende* — Voilà Isabelle, mes amis. C'est toi, Isabelle ?

Le rideau tombe

TABLE

DANS LA MÊME COLLECTION

25. *Manon Lastcall* et *Joualez-moi d'amour* de Jean Barbeau, 98 p.
26. *Les Belle-sœurs* de Michel Tremblay, 156 p.
27. *Médée* de Marcel Dubé, 124 p.
28. *La vie exemplaire d'Alcide 1er le pharamineux et de sa proche descendance* d'André Ricard, 174 p.
29. *De l'autre côté du mur* suivi de cinq courtes pièces de Marcel Dubé, 214 p.
30. *La discrétion, La neige, Le Trajet* et *Les Protagonistes* de Naïm Kattan, 144 p.
31. *Félix Poutré* de L. H. Fréchette, 144 p.
32. *Le retour de l'exilé* de L. H. Fréchette, 120 p.
33. *Papineau* de L. H. Fréchette, 160 p.
34. *Véronica* de L. H. Fréchette, 120 p.
35. *Si les Canadiennes le voulaient!* et *Aux jours de Maisonneuve* de Laure Conan, 168 p.
36. *Cérémonial funèbre sur le corps de Jean-Olivier Chénier* de Jean-Robert Rémillard, 121 p.
37. *Virginie* de Marcel Dubé, 161 p.
38. *Le temps d'une vie* de Roland Lepage, 151 p.
39. *Sous le règne d'Augusta* de Robert Choquette, 136 p.
40. *L'impromptu de Québec* ou *Le testament de Marcel Dubé*, 208 p.
41. *Bonjour là, bonjour* de Michel Tremblay, 111 p.
42. *Une brosse* de Jean Barbeau, 117 p.
43. *L'été s'appelle Julie* de Marcel Dubé, 154 p.
44. *Une soirée en octobre* d'André Major, 97 p.
45. *Le grand jeu rouge* d'Alain Pontaut, 138 p.
46. *La gloire des filles à Magloire* d'André Ricard, 156 p.
47. *Lénine* de Robert Gurik, 114 p.
48. *Le quadrillé* de Jacques Duchesne, 192 p.
49. *Ce maudit Lardier* de Guy Dufresne, 165 p.
50. *Évangéline Deusse* d'Antonine Maillet, 108 p.
51. *Septième ciel* de François Beaulieu, 105 p.
52. *Les vicissitudes de Rosa* de Roger Dumas, 119 p.

80. *Le jardin de la maison blanche* de Jean Barbeau, 133 p.
81. *Une marquise de Sade et un lézard nommé King-Kong* de Jean Barbeau, 98 p.
82. *Émile et une nuit* de Jean Barbeau, 100 p.
83. *La rose rôtie* de Jean Herbiet, 133 p.
84. *Eh! qu'mon chum est platte!* d'André Boulanger et Sylvie Prégent, 82 p.
85. *Le veau dort* de Claude Jasmin, 125 p.
86. *L'impromptu d'Outremont* de Michel Tremblay, 115 p.
87. *Rêve d'une nuit d'hôpital* de Normand Chaurette, 106 p.
88. *Panique à Longueuil* de René-Daniel Dubois, 120 p.
89. *Une amie d'enfance* de Louise Roy et Louis Saia, 132 p.
90. *La Trousse* de Louis-Marie Dansereau, 128 p.
91. *Les vaches sont de braves types* suivi de trois courtes pièces, de Jean Gagnon, 145 p.

ACHEVÉ D'IMPRIMER SUR
LES PRESSES DES ATELIERS
MARQUIS DE MONTMAGNY
LE 2 MARS 1981 POUR
LES ÉDITIONS LEMÉAC INC.